W0283395

Pouvez-vous faire confiance à votre banque ?

Simone Wapler

Pouvez-vous faire confiance à votre banque ?

Rendement minimum, risque maximum
À quoi servent les banques aujourd'hui ?

Ixelles éditions

Note de l'éditeur :

Nous portons le plus grand soin à l'édition de nos ouvrages et ceux-ci sont soigneusement vérifiés. Cependant nous ne sommes pas responsables des erreurs ou oublis que vous trouveriez dans cette publication.

Attention : n'investissez jamais plus que vos moyens ne vous le permettent. La valeur de tout investissement, et des revenus qui en découlent, peut monter aussi bien que descendre. Nous conseillons à nos lecteurs de consulter, avant d'investir, un courtier ou un conseiller financier indépendant agréé.

Abréviations utilisées dans l'ouvrage : M = million, Md = milliard.

© 2014 Ixelles Publishing
Tous droits de traduction, de reproduction et d'adaptation réservés pour tous pays.

ISBN 978-2-87515-212-1
D/2014/11.948/212
Dépôt légal : 1er trimestre 2014

E-mail : contact@ixelles-editions.com
Site Internet : www.ixelles-editions.com
Ixelles éditions est une division d'Ixelles Publishing

1

Pourquoi Chypre a tout changé ?

C'est une chance que les gens ne comprennent pas notre système bancaire et monétaire, parce que, si tel était le cas, je crois qu'il y aurait une révolution avant demain matin.
Henry Ford, industriel, 1863-1947

Où le lecteur apprendra que, cinq ans après la crise, rien n'a vraiment changé. Le volcan financier sommeille. Sauf que, cette fois, s'il y a une nouvelle éruption financière, vos dépôts seront confisqués. Du *bail out* (l'Internationale des contribuables paye les pots cassés) au *bail in* (tant pis pour vous si vos sous sont dans la mauvaise banque), vous risquez de vous faire « chypriotiser », vous faire prendre une partie de vos dépôts.

Tous les vendredis, cette vieille dame retirait tout l'argent figurant à son compte. Tous les lundis, têtue, elle retournait à sa banque pour y déposer son pécule à peine écorné par ses modestes emplettes du week-end. Les employés du guichet se moquaient gentiment de notre charmante vieille dame un peu lunatique. Pourtant, l'avenir allait clouer le bec de ces « conseillers financiers ».

Le vendredi 15 mars au soir, toutes les banques fermèrent pour ne rouvrir que douze jours plus tard. Les gros déposants se virent arbitrairement confisquer une partie de leur argent et, à la réouverture, les retraits étaient limités à 300€ par jour, par personne et par banque.

C'était en 2013. Notre vieille dame – qui habitait Paphos, à Chypre – était une initiée, contrairement aux impertinents guichetiers. Durant douze jours de blocus bancaire, elle put vivre comme à son habitude. « Mon fils est économiste en Russie. Il m'a prévenue que si quelque chose arrivait aux banques, ce serait le vendredi. C'est lui qui m'a conseillé de retirer mon argent tous les vendredis. »[1]

Nul besoin d'être un grand initié, d'ingurgiter *The Wall Street Journal*, *L'Agefi*, ou le *Financial Times* à longueur de journée, ni même d'avoir un cousin chez Goldman Sachs, pour prendre des précautions élémentaires. Un peu de bon sens suffit. Pourtant, peu de gens sont aujourd'hui conscients du simple fait que les banques sont toujours malades et trop grosses pour faire faillite.

Mais je vous entends penser cher lecteur : « Chypre n'est pas la France. Les banques vont beaucoup mieux,

1 http://www.news.gr/kosmos/paraxena/article/51055/h-giagia-poy-hxere-gia-to-kypriako-koyrema.html

la crise financière est finie, la régulation a assaini la planète finance et le pire est passé, disent nos grands timoniers. » Non. Désolée de jouer les trouble-fêtes, mais ce tableau idyllique est loin de la réalité.

L'activité économique n'a jamais retrouvé son niveau d'avant la crise de 2008. Les banques ont trop prêté d'argent, leur bonne santé n'est qu'apparente et elles restent très vulnérables au moindre revers. Si moins de 5 % des crédits qu'elles ont octroyés ne sont pas remboursés, la plupart des grandes banques françaises sont techniquement en faillite. En cas de problème, vos dépôts seront cette fois en danger.

Les crises financières commencent le vendredi parce que, le samedi et le dimanche, il est normal que les banques soient fermées ; donc il n'y aura pas de panique et de retraits massifs. Cela laisse aux autorités 48 heures à l'abri du bruit médiatique pour peaufiner leur communication et décider à quelle sauce votre argent sera englouti. Vous veniez de vendre un bien immobilier, votre outil de travail, ou simplement vous aviez un peu d'argent de côté, tant pis pour vous !

« Il est naturel que l'approche chypriote soit utilisée comme indicateur de ce qui pourrait arriver ailleurs : la confiscation des dépôts. »[2] (Adrien Blundell-Wignall, conseiller spécial des marchés financiers, OCDE.)

2 « Cyprus : Further compressing the coiled spring », *OECD Insights*, mars 2013.

Chypre : un avant-goût de ce qui nous attend

Chypre était simplement contaminée par la détention d'obligations d'État grecques dont les gouvernements européens avaient juré, la main sur le cœur, qu'elles ne seraient pas défaillantes. On a appliqué à Chypre ce qui a été fait au Zimbabwe en 2008 sans que le Fonds monétaire international ne s'en offusque. Chypre n'était pas la blanchisseuse d'argent de mafieux russes que les médias ont décrite. Ses banques avaient passé les *stress tests* haut la main en 2010 puis en 2011. Leurs comptes étaient certifiés par les plus grands cabinets d'audit comme Ernst & Young. Certes, en 2011, la somme des prêts accordés par les banques chypriotes représentait 8 fois la taille de l'économie de cette île. Mais beaucoup d'entreprises russes commerçant en zone euro trouvaient commode d'y avoir un compte bancaire et d'y laisser de la trésorerie. N'était-ce pas exactement ce même ratio qu'affichait en 2009 l'Irlande qualifiée de Tigre celtique à sa glorieuse époque ? Dans l'Espagne de 2009, le bilan des banques (la somme de leurs engagements) pesait trois fois le PIB national et celui des banques de la France de 2012, quatre fois.

Donc, oui, Chypre avait un système bancaire hypertrophié, mais ceci était connu des autorités (Fonds monétaire international, Commission européenne) et ne les affolait pas outre mesure. La France se situe entre l'Espagne (en grande difficulté) et Chypre (qui a coulé) du point de vue de l'hypertrophie de son système bancaire.

Taille des engagements des banques par rapport à la taille de l'économie de leur pays respectifs

Pays	Bilan des banques/ PIB de leur pays
Luxembourg 2012	21,82
Islande 2008	10,00
Irlande 2009	8,00
Chypre 2011	8,00
Royaume-Uni 2013	4,97
France 2013	4,20
Pays-Bas 2013	4,09
Espagne 2013	3,30
Allemagne 2013	3,06
Italie 2013	2,68
Pologne	0,92

Sources : The Economist, L'Agefi, Les Échos.

Quelques autres chiffres pour vous convaincre que nous ne sommes pas au bout de cette crise financière démarrée en 2008 en raison de produits dérivés sur du mauvais crédit adossé à de l'immobilier américain. Début 2007, la valeur de ce qui est couvert par les produits dérivés négociés dans le monde entier se chiffrait selon la Banque des règlements internationaux[3] à 516 000 Mds$. En juin 2013, c'est 693 000 Mds$[4]. Il n'y a pas d'erreur, vous avez bien lu, ce sont des centaines de milliers de milliards, environ dix fois la production mondiale annuelle de richesse. C'est plus qu'en 2008, alors que la cata-

3 https://www.bis.org/publ/qtrpdf/r_qs1309.pdf
4 Banque des règlements internationaux.

strophe est arrivée à cause de ces mêmes dangereux produits dérivés.

Les produits dérivés toujours aussi menaçants qu'avant 2008

Les financiers fabriquent des produits dérivés avec une monnaie, une matière première, un taux d'intérêt, etc. Ce sont des instruments financiers dont la valeur varie comme quelque chose d'autre (dit « le sous-jacent », en jargon). L'économie réelle s'en sert comme couverture, les financiers comme outil de spéculation. Par exemple, dans l'économie réelle, un boulanger industriel va s'assurer contre une hausse du blé avec un produit dérivé car il s'est engagé sur ses prix à un an vis-à-vis de la grande distribution. Parallèlement, pour un fond spéculatif, un financier peut au contraire au même instant parier sur une baisse du blé en raison d'une météo excellente au moment des semis des récoltes futures. Un des problèmes actuels est qu'il y a infiniment plus de capitaux investis dans des fonds spéculatifs que de trésorerie de boulangers industriels sur le marché du blé. Un autre aspect est qu'avec des produits dérivés vous pouvez aussi assurer des actifs que vous ne possédez pas. Imaginez que vous puissiez assurer contre l'incendie un château que vous n'avez pas. Si un incendie ravage la région où se situe le château sur lequel vous avez jeté votre dévolu, vous touchez le gros lot. Plus fort encore, imaginez qu'on vous prête l'argent pour assurer ce château que vous n'avez pas. Celui qui vous prête a confiance dans votre flair pour détecter les châteaux potentiellement vulnérables aux incendies. Si vous avez raison, il va partager la prime de l'assurance avec vous... C'est en utilisant l'argent créé par les banques centrales pour assurer des risques qu'on n'encourt pas que les paris couverts par les produits dérivés sont aujourd'hui encore plus élevés qu'en 2008.

Comme lors de la dernière crise, les produits dérivés existants sont majoritairement liés à l'évolution des taux d'intérêts, il y en a pour plus de 527 000 Mds$[5] sur les 693 000 Mds$ déjà mentionnés. Il n'a pas échappé à votre perspicacité, cher lecteur (je sens que nous allons bien nous entendre puisque vous êtes arrivé jusqu'ici), que ces taux d'intérêts étaient manipulés à la baisse depuis cinq ans avec le plus grand succès par les banques centrales. Les banques – comme les États occidentaux surendettés – sont extrêmement vulnérables à toute hausse des taux et leur survie dépend donc des manigances monétaires orchestrées par les banques centrales, que nous détaillerons. Tout ceci, vous en conviendrez, n'est guère rassurant, car toute supercherie a une fin.

Les banques toujours aussi grosses

Dans le même temps, les banques trop grosses pour faire faillite sont toujours là, toujours aussi grosses ; en septembre 2013, la banque Goldman Sachs a intégré le Dow Jones, l'indice américain qui

5 Banque des règlements internationaux, chiffre à mi-juin 2013.

regroupe les trente sociétés dont les actions valent le plus cher. Nos grandes banques européennes opèrent avec des effets de levier gigantesques de 28 à 85[6] ; pour 1 € d'argent qu'elles possèdent réellement – leurs fonds propres – elles peuvent en prêter jusqu'à 85 ; l'ensemble des prêts accordés par les quatre plus grandes banques françaises (BPCE, BNP Paribas, Crédit agricole, Société générale) pèse plus de 6 200 Mds€, trois fois le PIB de notre pays. Dit autrement, 1 % à 4 % de pertes, de prêts non remboursés, d'impayés mettraient ces banques en faillite, puisque leurs fonds propres seraient alors engloutis et qu'une banque sans fonds propres n'a légalement plus le droit d'exister.

Chypre a tout changé, car ce qui s'y est passé préfigure ce qui nous attend désormais en cas de faillite d'une grande banque. Jusqu'à présent, dans le précédent volet de la crise, aucun déposant n'a eu mal. Bradford & Bingley, Royal Bank of Scotland, Anglo Irish Bank, Hypo Real Estate, Unicredit, Roskilde Bank, Dexia, Fortis, ABN Amro, Bankia, Natixis… les pierres tombales du cimetière des banques sont fraîches et d'autres banques zombies errent aux alentours… Ces banques zombies donnent l'apparence de la vie, mais simplement à cause des liquidités fournies par la Banque centrale européenne. Dans le cas des banques déjà mortes, en Angleterre, en Irlande, en Allemagne, en Italie, aux Pays-Bas, en Belgique, en France et en Espagne, le déposant est toujours ressorti

6 http://www.les-crises.fr/solvabilite-banques-systemiques/

intact, ou presque, d'une faillite, d'un rachat précipité ou d'une nationalisation d'urgence[7]. Ces banques ont en réalité été renflouées ou reprises grâce à l'argent des contribuables, de l'Internationale des contribuables, devrait-on même dire. Ainsi, la faillite de Dexia se retrouve partiellement dans les dérapages du déficit et de la dette de la France, les 60 Mds€ d'impôts supplémentaires du « choc fiscal » que vous avez subi ces trois dernières années.

« Il a toujours été dangereux d'avoir un système où les déposants dans les banques, qui étaient assurés par une garantie d'État (donc par le contribuable) financent les produits les plus risqués et les activités des banques d'investissement. En somme, nous avons privatisé l'actif de leurs bilans et nationalisé le passif – ce qui est une politique dangereuse et imprudente. » (Gene Rotberg, ancien vice-président de la Banque mondiale et de Merrill Lynch.)

Les financiers et les autorités désignent ces opérations de sauvetage par l'Internationale des contribuables par le terme technique, et en apparence indolore, de *bail out.* Les sauveteurs sont extérieurs (*out*) à la banque. Mais à l'avenir, il a été décidé que tout naufrage serait administré par *bail in.* Les sauveteurs seront d'abord recherchés dans (*in*) la banque : actionnaires, créanciers et déposants, donc vous. De temps en temps, dans vos journaux, font surface des expres-

7 Les déposants de Bankia en Espagne se sont vu repasser des actifs douteux dans des comptes rémunérés, sorte de super-livrets.

sions absconses telles que « union bancaire[8] » ou « projet de résolution bancaire ». Il s'agit de la mise au point de tout l'arsenal juridique pour organiser ces futurs *bail in* qui consiste à venir se servir dans vos dépôts en cas de besoin et sans vous demander votre avis.

Lorsque vous déposez de l'argent sur votre compte en banque, il ne vous appartient plus vraiment. Par un jeu d'écritures, vous êtes titulaire d'un simple droit de créance à l'égard de votre banque qui *vous doit votre argent*. S'il n'y avait qu'une seule chose à retenir de ce livre, c'est celle-là. En cas de faillite, la banque peut ne pas vous payer, car une créance n'est pas un droit de propriété. Donc, lorsque vous entendez « il va falloir faire payer les créanciers privés », dressez l'oreille : on parle peut-être de vous.

Que risquez-vous ?

Environ 8 % de vos dépôts, c'est en tout cas le niveau auquel est favorable le ministre allemand des Finances Wolfgang Schauble. Les autres pays européens renâclent à fixer ouvertement un chiffre, craignant par sa simple évocation de déclencher une fuite des dépôts, le *bank run* tant redouté. En réalité, c'est bien plus de 8 % qu'on risque de vous subtiliser.

« La question de la résolution des crises bancaires

---

8 Projet consistant à mettre en place des structures garantissant que tous les déposants de la zone euro seront à l'avenir traités de la même façon, 1€ déposé en Italie dans une banque italienne bénéficiant de la même sécurité que 1€ déposé en Allemagne.

sans contagion systémique est évidemment très importante depuis Lehman et vous pensez bien que l'on travaille discrètement, pour ne pas dire secrètement, sur ce sujet. Ce que l'on voit, ce ne sont que des émergences de l'iceberg. Tout est étudié pour piéger l'argent car c'est dans le piège de l'argent et sa confiscation que réside la solution. La crise n'est pas résolue, elle sera encore plus grosse quand elle se manifestera et les calculs du Boston Consulting Group rejoignent ceux des experts publics ; un jour ou l'autre, la question d'un rééquilibrage par ponction sur l'argent, là où il est, se posera. »[9] (Bruno Bertez, ancien propriétaire de *L'Agefi*.)

Pire encore, les calculs du Boston Consulting Group conduisent à une taxe de 30 %. Pour ce cabinet de consultants, qui a le mérite d'être indépendant, la messe est dite. Les quatre voies possibles explorées par les autorités politiques mènent en réalité à des impasses. La première voie, l'austérité – à savoir épargner ou dépenser moins pour rembourser les dettes publiques ou privées – est rejetée par les populations. La seconde voie, le retour à la forte croissance, est bouchée en raison de la démographie vieillissante et du manque de compétitivité des pays endettés. La troisième voie, la restructuration des dettes, c'est-à-

9 Cette citation est extraite d'un article publié sur Atlantico le 2 juillet 2013 : http://www.atlantico.fr/decryptage/que-gouvernement-ne-dit-pas-risques-confiscation-argent-que-croyez-abri-dans-banques-bruno-bertez-774501.html#8JGdFwW7VZ7dB325.99. Par ailleurs, Bruno Bertez anime l'excellent Blogalupus, une référence en matière de site financier sans langue de bois.

dire se mettre d'accord pour effacer certaines dettes ou en reculer le remboursement, est impossible, car le système bancaire est toujours trop fragile pour l'assumer. La quatrième voie, la « répression financière », est plus complexe : il s'agit de maintenir des taux d'intérêts artificiellement faibles, en dessous de la croissance économique et de l'inflation, afin de ronger le stock de dettes existant. En effet, un État emprunte *in fine*, il ne rembourse le principal qu'à l'échéance de son prêt. S'il arrive à créer de l'inflation, il va rembourser en argent dévalorisé. Mais en l'absence de croissance robuste (de l'ordre de 4 %), cette méthode est trop lente pour résorber l'endettement existant.

Il faut effacer environ 21 000 Mds$ de créances irrécouvrables chez les ménages, les entreprises, les banques et les États. Comment combler le trou que cela va faire dans le système bancaire hypertrophié ? En tapant dans les 74 000 Mds$ d'actifs financiers (vos comptes courants, livrets, assurances-vie, etc.) des classes moyennes et supérieures. Ce qui se produira tôt ou tard. En France, cela correspondrait à une ponction de plus de 30 % de l'épargne financière, une sorte de super-impôt sur la fortune liquide.

Le 10 octobre 2013, une note[10] du Fonds monétaire international mentionne comme solution possible à la crise une taxe de seulement 10 % sur les dépôts dans

10 « Taxing our way out of – or into? – trouble », *Fiscal Monitor Taxing Times*, octobre 2013.

les pays de l'Union européenne, ce qui permettrait de revenir aux niveaux d'endettement public qui prévalaient en 2007, avant la crise. Il est très regrettable que les fonctionnaires du FMI ne lisent pas les notes du Boston Consulting Group, cela leur éviterait de dire des bêtises et ils pourraient s'adonner en toute quiétude à leur sport préféré plutôt que de sortir des rapports qui ne peuvent que donner de mauvaises idées à nos politiciens.

Taxation nécessaire sur le patrimoine financier des classes moyennes et supérieures pour sortir du surendettement

	Montant nécessaire de créances à détruire Mds$	Patrimoine financier Mds$	Taux d'imposition en % sur le patrimoine financier
États-Unis	11 216	43 134	26,0
Union européenne	8 329	24 493	34,0
Royaume-Uni	1 704	6 314	27,0
Total	**21 249**	**73 940**	**28,7**

Source : Boston Consulting Group, Back to Mesopotomia? The Looming Threat of Debt Restructuring, *2011.*

Récapitulons : 8 %, 10 %, 34 % de confiscation des dépôts, à quoi servirait cet argent ?

8 %, ce serait, en cas de *bail in* d'une grande banque, le montant prélevé sur les comptes des déposants, un niveau de participation minimal indispensable, estime

l'Allemagne, qui précise par ailleurs que ce ne serait pas cher puisque la faillite pure et simple serait bien plus coûteuse pour les contribuables.

10 %, ce serait sur l'ensemble des dépôts pour une sorte de jubilé[11] (remise de dette) partiel qui permettrait d'effacer une partie de la dette publique des pays de la zone euro, selon le Fonds monétaire international. Ceci remettrait les compteurs de la dette à la case de 2007, juste avant la crise.

34 %, ce serait pour purger toutes les créances douteuses de l'Eurozone, selon le Boston Consulting Group.

Évidemment, en première ligne de ceux qui ont besoin de votre argent se retrouve le système financier à recapitaliser. En Europe, les banques détiennent des dettes de leur État de tutelle et il leur faudrait plus de 1 500 Mds€ de capitaux propres supplémentaires – selon les estimations de certains analystes[12]. Si les banques font faillite, comment les États placeront-ils leurs dettes ?

L'imbroglio entre banques et États est total. Les banques sont chargées de dettes d'États et toute faillite de grande banque met son État de tutelle en

11 Dans la tradition biblique, une fête solennelle publique, célébrée tous les cinquante ans, avait notamment pour effet d'éteindre les dettes et les créances.

12 http://seekingalpha.com/article/1610772-european-banking-system-undercapitalized-by-1-5-trillion-euros-with-a-conservative-cet1-ratio?source=email_macro_view&ifp=0

danger. La Banque centrale européenne a prêté aux banques espagnoles et italiennes, qui ont employé une partie de cet argent pour acheter des emprunts d'État de leurs pays. Ce tour de passe-passe finance les politiques de dépenses publiques mais aussi les importations en provenance d'Allemagne. C'est ainsi que la zone euro survit cahin-caha depuis 2008.

Bruno Bertez, déjà cité, dénonce cette collusion entre États et banques de façon plus crue : « Par l'intermédiaire des marchés qu'elles contrôlent totalement, les banques ont mis le couteau sous la gorge des gouvernements, sorte de menace implicite de leur couper les vivres. Elles ont exigé la solidarité européenne, elles l'ont imposée et ensuite elles ont forcé la main de la Banque centrale européenne pour qu'elle promette des liquidités gratuites à l'infini, sans limite, en attendant que les conditions politiques leur permettent d'exercer le chantage ultime. Le chantage ultime c'est, honorez vos dettes, en confisquant l'argent de vos citoyens. »[13]

Ne vous y trompez pas, nous vivons sur un volcan et, à la moindre injonction des autorités, les banques se transformeront en collecteurs de taxes, car elles savent que sauver les gouvernements surendettés ou se sauver, c'est la même chose.

N'en déplaise aux politiciens vendeurs de lendemains toujours meilleurs, il n'y a pas de sortie

13 leblogalupus.com, chronique du 10 octobre 2013.

de crise sans douleur. La suggestion du FMI de taxe spéciale de 10 % prépare la voie politique. Le moment venu, on vous expliquera que l'on ne fait qu'appliquer les préconisations de cette organisation internationale. Exactement comme dans les entreprises qui font appel à des cabinets d'audit pour pouvoir ensuite licencier en s'abritant derrière les décisions des consultants.

Mais, m'objecterez-vous, les autorités sont conscientes des faiblesses de nos banques. Certes, les *stress tests* furent imparfaits, toutefois nous lisons dans les journaux que les banques sont soumises à une autre batterie de tests ; la Banque centrale européenne a recruté 1 000 fonctionnaires à l'automne 2013 ; les autorités veillent au grain…

La supervision des banques par des fonctionnaires juges et parties

Ce n'est pas si simple ! On voit mal comment les mêmes personnes et les mêmes organisations à l'origine du problème initial seraient maintenant capables de le résoudre. Seules 7 banques sur 91 avaient échoué aux *stress tests* de 2010. Quatre mois plus tard, il fallait cependant injecter 35 Mds€ dans les banques irlandaises dans le cadre d'un plan de sauvetage global de 85 Mds€. En 2011, rebelote : nouveaux *stress tests,* toujours sur 91 banques. Cette fois, 16 banques, dont 7 espagnoles, sont déclarées douteuses. Dexia ne figure pas parmi les suspectes et sera pourtant renflouée deux mois plus tard. Coût pour les contribuables français et belges : 6,6 Mds€.

L'exercice des *stress tests* est tellement déconsidéré que le nom a été changé : ce sont maintenant des AQR, comme *Assets Quality Review* (ou Revue de la qualité des actifs du bilan dans le vocabulaire financier français). 130 banques européennes sont censées ouvrir leurs placards aux fonctionnaires européens des autorités de régulation. Ces derniers vont alors se pencher sur les contenus desdits placards et trier cadavres et moribonds. Ils sont cependant juges et parties puisqu'ils savent très bien que tout danger pour une grande banque est aussi un danger pour son pays et l'euro. Est-ce pour cela qu'un cabinet privé, conseil en stratégie américain, a également été mandaté ? Hélas, ce dernier – Oliver Wyman – ne s'est pourtant pas distingué par sa clairvoyance, comme nous le verrons. On pensait (naïvement) que tous les cadavres avaient été traînés à la Banque centrale européenne et échangés contre de l'argent frais et sans odeur. N'était-ce pas le pacte passé entre Mario Draghi, le gouverneur de la Banque centrale européenne, et les banques commerciales de l'Eurozone ? Enfin, après les récents scandales de *trading*[14], d'entente du cartel bancaire sur les taux du Libor[15] et de l'Euri-

14 La « Baleine de Londres », qui a coûté 6,2 Mds$ à JPMorgan Chase en perte de *trading*.

15 Taux de référence du marché interbancaire, c'est-à-dire le taux moyen auquel les banques déclarent accepter de se prêter entre elles. Ce taux est défini à partir des déclarations de 18 banques. Scandale ayant impliqué la Deutsche Bank et la Barclays.

bor[16], de manipulation du marché des devises[17] qui ont agité ou secouent toujours le milieu bancaire, on voit mal ce dernier jouer de la transparence.

Certes, définir et cerner autant que possible le montant de créances douteuses détenues par chacune des banques auscultées part d'une bonne intention. Mais vous imaginez bien qu'aucun banquier zombie n'a envie d'ouvrir son placard à cadavres. Il laissera peut-être échapper un os à ronger, mais les charognes resteront bien cachées.

L'affaire se complique encore en raison de l'union bancaire, sans laquelle il serait vain de vouloir inspecter les banques. Cette union bancaire est un serpent de mer qui fait horreur aux Allemands et à l'Europe du Nord tandis que l'Europe du Sud l'appelle de tous ses vœux. « La BCE ne peut pas se lancer dans l'évaluation de la qualité des actifs bancaires et dans les *stress tests* sans que nous ayons au préalable défini des règles claires en cas de problème pour un établissement », indique un diplomate cité dans *Les Échos*[18]. Ce qui oppose les buveurs de bière et les buveurs de vin est très simple : l'Allemagne n'a qu'une grosse banque, certes horriblement sous-capitalisée, la Deutsche Bank, mais elle n'en a qu'une. La France compte quatre grosses banques potentiellement

---

16 Taux de référence du marché interbancaire de la zone euro, c'est-à-dire le taux moyen auquel les banques européennes déclarent accepter de se prêter entre elles. Ce taux est défini à partir des déclarations de 43 banques. Scandale ayant impliqué la Société générale, le Crédit agricole, la HSBC et la Deutsche Bank.

17 Procédure ouverte le 11 octobre 2013 par le FBI.

18 Lundi 9 décembre 2013.

dangereuses. L'union bancaire fonctionnerait comme d'Artagnan et ses trois mousquetaires. Ce serait « tous pour un » (les buveurs de vin qui potentiellement aideraient un peu la Deutsche Bank en cas de besoin) mais aussi « un pour tous » (l'Allemagne qui aiderait beaucoup les énormes banques des buveurs de vin). Depuis le début de la crise, l'Allemagne a vite compris qu'elle ne savait plus trop où elle mettait les pieds et s'oppose à tout ce qui, de près ou de loin, ressemble à une mutualisation des dettes, y compris évidemment celles des banques. Donc le serpent se mord la queue. On veut ausculter à ventre ouvert les banques mais seulement si la réanimation est prête, et la zizanie règne dans l'équipe de réanimation.

Mais, pourtant, le temps presse car se profile un événement dangereux, jamais vu depuis quarante ans...

Après quarante ans de baisse, la redoutable remontée des taux d'emprunt

Le niveau des créances douteuses varie avec l'activité économique. En période de croissance, entreprises et particuliers n'éprouvent pas trop de mal à rembourser, les créances sont alors peu douteuses. Mais tout peut basculer très vite. Difficulté de trésorerie pour l'entreprise, chômage pour le particulier, et un prêt initialement sans histoire se transforme en contentieux...

« Les banques ont besoin de plus de capitaux – beaucoup plus de capitaux, pas de réserve minimale fondée sur de pseudo calculs scientifiques de pondération des risques. Ni les régulateurs, ni les dirigeants ne peuvent évaluer précisément de combien une banque a réellement besoin. La seule banque sûre est celle qui possède plus de capitaux propres que ce dont elle pourrait éventuellement avoir besoin. Comme les banques d'autrefois. » (John Kay, économiste britannique, conseiller économique de plusieurs gouvernements dans le monde, professeur à la London School of Economics, cité dans le *Financial Times,* 2 avril 2013.)

Les « banques d'autrefois » dont parle John Kay opéraient en moyenne avec 20 % de fonds propres, autrement dit, elles avaient 4 à 10 fois plus d'argent pour se prémunir des mauvais coups du sort que maintenant. Et encore, il ne s'agit que d'une moyenne. En cas de crise économique, elles renforçaient leurs fonds propres. Il est vrai qu'à l'époque les banquiers étaient responsables sur leurs biens propres et que l'idée de « trop gros pour faire faillite » n'existait pas.

Les banques ont besoin d'être réduites, recapitalisées. Mais la quadrature du cercle est difficile à résoudre. Comment :

- calculer exactement la dose d'argent dont elles ont besoin ?
- renforcer les banques qui en ont besoin ?
- trouver l'argent nécessaire ?

- … le tout sans affoler les déposants ni provoquer de *bank run* ?

Le fond du problème est que les autorités dites de régulation ne peuvent réguler un système devenu absurde. Pour que le système financier actuel tienne, il faudrait que les banques puissent prêter toujours plus, que ce soit aux États impécunieux, aux entreprises empêtrées dans la crise ou aux particuliers qui sont écrasés d'impôts ou au chômage. Il faudrait aussi que les taux baissent perpétuellement. Car il est bien plus facile de gagner de l'argent ou de rembourser lorsque les taux baissent.

Supposez que vous ayez emprunté 100 à 10 % sur cinq ans avec le principal remboursable à l'échéance. Cinq ans plus tard, plutôt que de rembourser le principal, vous pouvez à nouveau emprunter 100 sur cinq ans, mais cette fois-ci à 5 %. Vous n'êtes pas réellement en difficulté. En reconduisant votre premier prêt, votre effort pour soutenir votre endettement diminue.

Maintenant, retournez la situation et vous voyez que vous devenez très vite fragile. À chaque fois que vous reculez le moment de rembourser, votre effort financier augmente. Et si vous n'avez pas remboursé, c'est que vous n'étiez peut-être pas si à l'aise.

Dans le premier cas, la banque qui vous a prêté est tranquille et peut dormir sur ses deux oreilles. Dans l'autre cas, c'est très différent, les nuits du banquier sont moins paisibles.

La baisse des taux d'intérêt à très court terme n'est tout simplement plus possible puisqu'ils sont à zéro ou presque. La hausse des taux à moyen et long terme a probablement déjà commencé. Il va maintenant falloir être très intelligent pour gagner de l'argent en prêtant de l'argent qu'on n'a pas et qui devient de plus en plus cher à emprunter.

Et c'est le fonctionnement d'une banque qui emprunte sur les marchés à court terme pour prêter à plus long terme. C'est à peu près le même problème auquel est confrontée une entreprise pour pouvoir conserver de bonnes marges lorsque le coût d'approvisionnement de ce qu'elle produit augmente.

Taux d'emprunt à 10 ans du gouvernement américain depuis 1974

(Après quarante ans de baisse, la hausse pourrait bien commencer.)

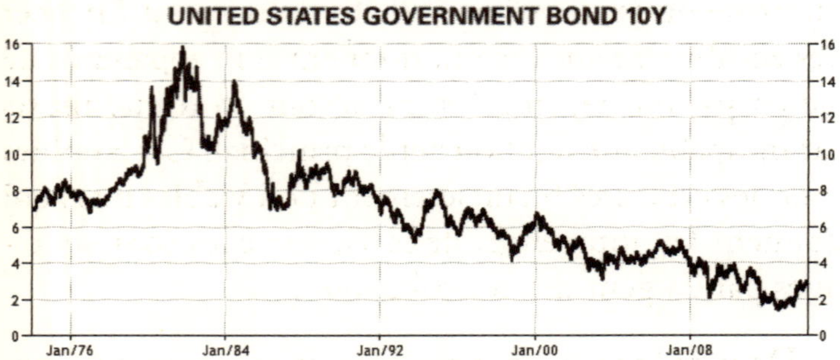

Source : www.tradingeconomics.com / U.S. department of the treasury.

Taux d'emprunt à 10 ans de l'État français depuis 1985

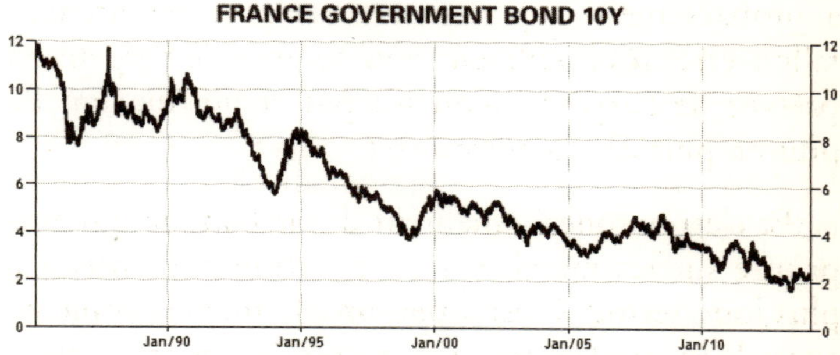

Source : www.tradingeconomics.com / Department of treasury, France.

Êtes-vous prêt à vous sacrifier pour des zombies ?

Faute de se résoudre à voir l'économie s'assainir par les faillites pour repartir sur des bases saines, les gouvernements préfèrent s'endetter, émettre de la fausse monnaie ou taxer et imposer. Tout ceci pour financer des zombies financiers qui donnent une apparence de vie en payant des intérêts, mais sont en réalité morts car incapables de rembourser le principal. Ces zombies sont des créatures financièrement non viables mais qui donnent les apparences de la vie car elles sont soutenues par l'argent des contribuables.

Dans ce livre, je vous propose de cerner ce que font véritablement les banques d'aujourd'hui et de comprendre pourquoi elles sont toujours obligées de jouer sur le grand casino boursier mondial. Car, vous le verrez, beaucoup des activités bancaires actuelles n'ont que peu de chose à voir avec le financement de l'économie réelle.

Nous verrons aussi pourquoi l'état actuel de la réglementation pousse au crime les banques puisque les profits sont pour elles mais les pertes pour vous. Le problème n'est pas la réglementation. Le remède ne consiste pas à mettre un fonctionnaire derrière chaque cadre de banque. Il s'agit d'un vice bien plus profond qui tient à l'adoption d'un système de réserves fractionnaires. Ceci signifie que votre banque n'a plus l'argent que vous lui avez confié, elle ne peut vous en rendre qu'une fraction, un centième. Ce principe n'est pas en lui-même incongru, sauf qu'il est associé avec le privilège de la création monétaire et une garantie publique (l'argent des contribuables). Une banque doit pouvoir faire faillite comme n'importe quelle autre entreprise, sinon ses dirigeants sont poussés à l'irresponsabilité. Notre malheur est que nos démocraties surendettées ont absolument besoin de ce capitalisme de connivence, de la survie des monstres bancaires existants et du contrôle de la monnaie pour éviter l'implosion immédiate sur laquelle déboucheraient de graves troubles sociaux puisque la paix sociale est achetée par la redistribution, financée par l'endettement.

Nous examinerons aussi un peu les bilans bancaires (rassurez-vous, ce sera très simple) pour y détecter ce qui est potentiellement dangereux. Nous visiterons l'arrière-cuisine des produits dérivés et des activités de spéculation qui mettent vos dépôts en danger. Plus spécifiquement, après avoir lu ce livre, vous saurez détecter ce qui est risqué dans votre banque. Nous essaierons ensuite de discerner ce que pourrait vous coûter à l'avenir le sauvetage de votre banque.

Mais tout cela serait inutile si cela ne conduisait qu'à troubler votre sommeil du juste, cher lecteur. Après, il vous appartiendra d'agir. N'attendez pas la réglementation providentielle, la garantie européenne des dépôts. Sauvez vous-même votre épargne et ne vous laissez pas prendre dans le prochain naufrage de l'économie irréelle. Nous verrons donc les solutions possibles que vous pouvez mettre en place à votre échelle pour vous organiser, pour bien choisir votre banque, pour ne pas vous retrouver victime d'un *bail in* et avoir aussi de l'épargne hors du circuit bancaire puisque les banques sont toujours trop grosses pour faire faillite, mais que la garantie de l'État ne s'applique plus pour vos dépôts.

Récemment, un de mes amis, entrepreneur dans le secteur du luxe, me disait : « Depuis 2000, je ne connais pas une seule personne qui soit devenue plus riche avec ses placements financiers. En revanche, je connais beaucoup, beaucoup de financiers qui se sont considérablement enrichis… » Votre banque mérite-t-elle vraiment votre argent ? Rien n'est moins sûr, et il est dans votre intérêt de le vérifier.

2

Comment les banques gagnent leur argent

Le modèle de banque universelle est indéfendable.
Stanislas Yassukovich, ancien président de Merrill Lynch Europe, 24 novembre 2011

Où le lecteur curieux apprendra que les banques gagnent de l'argent en prêtant celui qu'elles n'ont pas. La généralisation des banques de dépôts et l'obligation pour les particuliers de détenir un compte bancaire ont permis le développement d'une industrie du crédit. Nous vivons désormais dans un monde où la croissance des activités économiques rentables est confondue avec la croissance du crédit adossé à rien, à de l'argent qui n'existe pas.

Que font vraiment les banques ? Un banquier traditionnel vous dira que son métier est un travail de transformation : il transforme de l'épargne courte (vos dépôts sur votre compte courant ou vos livrets – qu'il appelle dépôts à vue ou à court terme) en prêt sur une longue durée. Dans cette activité, son risque de banquier est que l'emprunteur ne le rembourse pas, ou pas totalement. Son gain – qui rémunère ce risque – est la différence entre la rémunération de vos dépôts et le taux auquel il prête. Vos dépôts sur votre compte courant ne vous rapportent rien, c'est donc marge maximale pour le banquier. S'il s'agit de vos livrets rémunérés, sa marge est un peu moindre. Mais un banquier ne prête pas que vos dépôts, il prête aussi de l'argent qu'il emprunte sur les marchés. Comme c'est un banquier, les marchés lui prêtent volontiers de l'argent à un taux inférieur aux autres. Nous verrons plus tard les raisons de ce privilège, mais revenons sur le métier traditionnel dit de transformation.

Supposez que votre banquier ait comme client professionnel un industriel de l'agroalimentaire, roi du fondant au chocolat, qui souhaite se doter d'une nouvelle chaîne de production. Lorsque vous épargnez, vous choisissez de différer une consommation, une envie. Vous avez par exemple préféré verser sur votre livret 500 € plutôt que de succomber aux charmes de la dernière tablette à la mode abondamment vantée à la télé.

Votre épargne, votre consommation différée, va servir à financer un « bien de capital », la chaîne de production de notre industriel roi du fondant au chocolat. Un bien de capital est quelque chose de coûteux, mais qui permet de produire de façon plus abondante. C'est ainsi que, plus tard, vous dégusterez un délicieux fondant au chocolat à un prix imbattable en regardant la télévision ; au moment de la publicité, vous constaterez que le prix de la fameuse tablette que vous convoitiez a baissé. Vous avez retardé votre consommation, et vous avez en fin de compte bien fait puisque vous avez et le fondant au chocolat et la tablette, car vous allez finalement foncer pour l'acheter, cette tablette dont le prix a baissé ; vous n'êtes pas qu'un éternel ascète, que diable !

L'avantage des biens de capitaux, c'est qu'ils nous permettent d'avoir mieux avec moins d'efforts. Plus il y a d'épargne, plus il y a de possibilités de financer ces biens de capitaux qui deviennent de plus en plus complexes et représentent de lourds investissements. C'est ainsi que les emplois industriels deviennent de moins en moins nombreux tandis que les emplois de service – pour lesquels une personne est réellement irremplaçable – subsistent. Certains vous diront que la mécanisation et la robotisation suppriment des emplois et que c'est abominable. Si on les écoutait, il faudrait encore des métiers à tisser manuels et des moines copistes au nom de la défense de l'emploi. Mieux vaut ne pas perdre trop de temps avec ces nostalgiques.

Nous produisons plus et mieux grâce à l'accumulation multiséculaire d'épargne et de capital

En 1880, il fallait 1 800 heures de travail annuel à un bipède pour produire sa ration de nourriture et un ouvrier consacrait les deux tiers de son budget à (mal) s'alimenter. Aujourd'hui, 270 heures de travail annuel suffisent. Entre 1880 et aujourd'hui, vous constaterez que le bipède n'a guère évolué : il a toujours deux bras, deux jambes, deux oreilles, deux yeux et une capacité cérébrale identique, enfin en principe. Ce qui a donc changé, ce n'est pas la morphologie, mais la capacité de travail. C'est l'industrialisation, les gains de productivité obtenus grâce aux biens de capitaux qui ont produit cette amélioration. Pensez à la mécanisation de l'agriculture, aux tracteurs, aux moissonneuses-batteuses.

Si vous examinez ce qui nous entoure avec cela en tête, vous constaterez que notre productivité actuelle et l'abondance de notre société sont réellement dues à ces biens de capitaux. Mieux encore, sauf stupide destruction guerrière, nous héritons de la productivité passée. Le silex de M. Cromagnon fut un premier bien de capital ; il a fallu que M. Cromagnon diffère sa consommation de bison pour prendre le temps de tailler son silex pour ensuite être plus efficace dans sa chasse. Au Ier siècle, la charrue décrite par Pline l'Ancien fut un autre bien de capital ; il a probablement fallu que la famille de son créateur patiente pendant qu'il passait du temps à la façonner et à la mettre au point. La productivité actuelle est le résultat de cette longue chaîne créatrice. Évidemment, plus la productivité augmente, plus les techniques se raffinent, plus les biens de capitaux coûtent cher et plus il faut d'épargne pour les financer. Dans ce sens, les banques financent bien l'économie.

Les banques collectent de plus en plus d'épargne

alors qu'autrefois les gens gardaient leur or dans des bas de laine ou leurs billets sous leur matelas. Aujourd'hui, vous voyez une banque à chaque coin de rue, chaque agence œuvre donc pour la prospérité publique. Les banques font un très beau métier, car plus d'épargne disponible, c'est plus d'investissement en biens de capitaux, et ultérieurement plus de biens ou de services abondants. C'est ainsi qu'on vous rabâche que toute réduction du volume de prêts qu'elles accordent serait une catastrophe. Toujours plus de banques, toujours plus de dépôts et d'épargne, toujours plus de prêts, tout va donc ainsi pour le mieux dans le meilleur des mondes possibles, sauf que…

Encore faut-il que l'épargnant ne confonde pas une banque et un service de coffres-forts. Encore faut-il que tous les épargnants qui ont un livret à six mois ne demandent pas leur argent en même temps parce qu'une vague de chômage s'abat et qu'ils ont besoin de prélever sur leur épargne. Encore faut-il que la banque ait suffisamment d'argent à elle (qui n'est donc pas celui des déposants, mais ses fonds propres, comme on les appelle) pour payer la casse si un prêt n'est pas remboursé parce que, finalement, le roi du fondant au chocolat n'arrive plus à écouler son nouveau produit. Encore faut-il que la viabilité du prêt consenti ait été bien jaugée. Encore faut-il admettre qu'un prêt à la consommation, qui avance dans le temps cette consommation, n'a pas du tout la même valeur qu'un prêt d'investissement adossé à de l'épargne, qui est de la consommation différée. Dans le premier cas, il n'y a pas de création de richesse : ce qui aurait dû être dépensé plus tard est dépensé maintenant. Dans le second cas, il y a création de richesse : des biens seront produits avec moins d'efforts ou de façon plus abondante.

Même sans être familier de la banque et de la finance, vous sentez bien que financer des investissements lourds ou financer l'artisan du coin, et distribuer des prêts à la consommation, ce n'est pas tout à fait le même métier. C'est d'ailleurs tellement différent que, pendant très longtemps, ce n'était pas les mêmes banques qui se livraient à ces deux activités.

Banque de rue, banque d'étage : deux styles bien différents

À la suite de la Grande Dépression de 1929, les États-Unis, confrontés à de nombreuses faillites bancaires, mirent en place le Glass Steagall Act. Cette réglementation partait d'un constat : les métiers de la banque de dépôts (la banque de rue) et de la banque d'étage (la banque d'investissement) étaient très différents. La banque de rue devait rechercher la sécurité maximale pour assurer la garantie des dépôts tandis que la banque d'étage pouvait recueillir les fonds des investisseurs aux poches profondes – personnes généralement avisées et hommes d'affaires à succès – pour développer des investissements de grande envergure, mais plus risqués.

Comme il est mauvais pour les affaires qu'une banque fasse faillite, mieux valait ne pas mélanger la sécurité et le risque. Le Glass Steagall Act imposa donc la séparation des activités bancaires en 1933. Cette loi tient en 37 pages. « Le Glass Steagall Act était simple dans son objectif et son exécution. Ses objectifs ont été façonnés par un événement extrême (la Grande Dépression) et étaient explicitement "minimax" (*i.e.* visant à minimiser la probabilité pour que le pire arrive, pour éviter une répétition des problèmes) »[19], juge a posteriori Andrew Haldane, le directeur de la stabilité financière de la Banque des règlements internationaux. Conjointement, la FDIC (Federal Deposit Insurance Corporation) vit le jour pour assurer au niveau fédéral les dépôts bancaires des banques de dépôts et ramener la confiance ébranlée par le cortège de faillites survenues lors de la crise. Cette garantie, de 100 000 $ par déposant et par banque, encouragea le fractionnement des dépôts et les petites banques locales. Tant mieux, car ainsi aucune banque n'était « trop grosse pour faire faillite ». Les grandes banques d'affaires, en revanche, pouvaient être très grosses ; c'était sans importance, elles pouvaient faire faillite puisqu'elles n'avaient pas de dépôts ; elles fonctionnaient avec les capitaux de leurs actionnaires et de leurs prêteurs, des gens en principe avisés et conscients de leurs risques. La banque du coin de la rue et la banque d'étage à la moquette profonde et aux portes capitonnées vécurent ainsi de 1933 à 1971 des existences parallèles sans grands incidents majeurs.

19 « La question à 100 Mds$ », Bank of England, mars 2010.

1971 est une date clé qui marque la fin du Gold Exchange Standard et le premier défaut des États-Unis. Avant cette date, le dollar était une monnaie d'échange internationale garantie par de l'or, une monnaie marchandise *as good as gold* (aussi bonne que de l'or). N'importe quel banquier central pouvait venir échanger au guichet de la Fed ses dollars contre de l'or. Le 15 août 1971, Nixon ferme le guichet de l'or. Le monde entre dans l'ère des monnaies fiduciaires (qui ne reposent que sur la confiance). Dès lors, la finance va s'emballer dans tous les pays.

Le début de la financiarisation sans limite

En 1996, en fin de mandat, Bill Clinton a besoin d'argent pour se faire réélire. Un aréopage de banquiers est reçu à la Maison Blanche. Parmi les lobbyistes, Robert Rubin, ex-directeur de Goldman Sachs, est secrétaire du Trésor. Il demande l'abrogation du Glass Steagall Act et commence à pousser ses pions.

En 1998, la faillite du fonds LTCM (*Long Term Capital Management*) ébranle au niveau mondial le milieu de la banque d'investissement. Avec 1 200 Mds$ (le PIB de la France de l'époque) et des algorithmes de gestion – fruits du jus de crâne de deux prix Nobel (Myron Scholes et Robert Merton) –, ce fonds se prend les pieds dans le tapis de la crise asiatique de 1997, puis de la crise russe de 1998. Il fait finalement faillite cette même année. Certains observateurs (mais ils sont peu nombreux) y voient un coup de semonce pour un secteur financier qui commence à devenir hypertrophié et se croit immunisé contre les risques par des martingales mathématiques. Mais le coup de semonce de la faillite de LTCM n'empêche pas la fin du Glass Steagall Act d'être prononcée en 1999 par l'administration Clinton. Si le Congrès de l'époque est républicain, de nombreux démocrates soutiennent cette mesure, qui va permettre aux banques d'investir les dépôts de leurs clients sur les marchés financiers. Dès lors, la machine va s'emballer. D'autant plus que de l'autre côté de l'Atlantique, en Europe, la courroie de transmission est prête.

La France promeut la banque universelle

À la fin de la Seconde Guerre mondiale, en Europe, et surtout en France, on s'est attaché à développer le modèle de la banque universelle, regroupant les activités de dépôts et d'investissements. La plupart des banques avaient été nationalisées et les autres fonctionnaient sous le principe des mutuelles ou des coopératives. Les Français furent poussés à avoir chacun un compte en banque dès les années 1960. En 1985, il fut interdit de payer les salaires en espèces au-dessus d'une certaine somme, puis on se dépêcha de mensualiser les salaires, le seuil fatidique était alors systématiquement dépassé. Tout cela pour permettre de drainer les dépôts et de financer l'économie.

Vous vous souvenez peut-être du slogan publicitaire de la BNP en 1973 : « Pour parler franchement, votre argent m'intéresse » ? Ce slogan était parfaitement sincère. Pour l'industrie bancaire, « les dépôts font les crédits ». Toute fuite du système, tout retrait ou non-dépôt privent la banque de la faculté d'octroyer un crédit et donc de gagner de l'argent. Mais rassurez-vous, nous possédons un des systèmes bancaires les plus étanches du monde développé. Selon la Fédération bancaire française[20], 99 % des gens sont bancarisés, un des taux les plus élevés d'Europe, et 48,6 % des ménages ont un crédit. Par ailleurs, la France est le pays développé où les paiements sont le plus dématérialisés. Les Français utilisent plus de 99 millions de cartes de retrait, paiement, débit, crédit, plutôt que les espèces.

Donc les banques ont collecté beaucoup de dépôts, mais elles ont aussi accordé beaucoup de prêts et, en face, elles n'ont pas assez de fonds propres pour couvrir les risques, comme vous le verrez. Fin 2013, la dette des ménages est supérieure de 200 Mds€ à leurs dépôts[21]. La situation est pire pour les entreprises dont le montant de la dette est le double de celui de leurs dépôts, soit un déficit de 340 Mds€. Quant aux prêts aux collectivités territoriales, les banques les accordent sans contrepartie de dépôts. Pour ce poste, le déficit est de 170 Mds€. Le ratio dépôts sur crédits à la clientèle se situe autour de 85 % en Europe, alors qu'il n'est que de 63 % en France[22] et le déficit dans ce domaine

20 Statistiques 2012, Rapport annuel de l'Observatoire de l'épargne réglementée et Observatoire des crédits aux ménages.

21 À fin 2012, selon l'Insee, la dette des ménages était de 1 136 Mds€ et la dette des entreprises de 1 395 Mds€.

22 *L'Agefi Hebdo*, 17 octobre 2013.

dépasse 730 Mds€, ce qui rend les banques françaises plus vulnérables que leurs consœurs sur ce point.

Mais revenons sur les principales activités bancaires pour mieux comprendre comment les banques gagnent vraiment leur argent. Avant de commencer, précisons que, selon une étude du cabinet d'audit KPMG[23], deux tiers des résultats des banques proviennent de la banque de détail, de la banque de rue par conséquent, et non pas de la prestigieuse banque de financement et d'investissement ou banque d'étage.

Prêts à la consommation, ce que votre conseiller financier appelle « vos projets »

Ce cas est assez simple : la banque vous prête de l'argent et vous allez pouvoir avancer dans le temps de la consommation. Le taux sera surtout fonction de la somme empruntée et de la durée. La procédure est plutôt standard et les analyses de « profil de risque » sommaires. Dans ces activités, les banques de détail sont en concurrence avec de gros organismes de prêt à la consommation comme Cetelem, Cofidis, Sofinco, ainsi qu'avec les banques des distributeurs tels que Carrefour et les banques ou sociétés de crédit des constructeurs automobiles. L'avantage de la banque de détail sur ces autres organismes est qu'elle peut compter sur les dépôts de ses clients – qui ne sont pas ou peu rémunérés – tandis que ses concurrents sont contraints d'emprunter leur argent sur les marchés.

23 « Performance des grands groupes français au 30 septembre 2013 ».

Contrairement à ce que vous pourriez penser et malgré les taux pratiqués, parfois proches de l'usure, les banques ne gagnent presque pas d'argent avec cette activité. La dernière enquête de la Banque de France[24] montre même qu'elles en ont perdu en 2013 (– 0,345 % de marge au premier trimestre). Même au moment glorieux de 2008, la marge a culminé à 0,44 %, pas de quoi vous faire rêver d'être banquier si c'est pour vous limiter à cette seule activité. D'ailleurs, elle décline régulièrement et est passée de 45 Mds€ en août 2008 à moins de 35 Mds€ à fin 2013. En première ligne, les prêts pour l'amélioration de l'habitat et, bien sûr, les crédits automobiles.

Prêts immobiliers, une vache à lait de moins en moins productive

L'immobilier, c'est l'activité de base, rassurante. En France, contrairement aux usages de nombreux pays, que ce soit en Espagne ou chez les Anglo-Saxons, les prêts immobiliers sont à taux fixe. Pour la banque, le risque est réduit, surtout dans le contexte de prix des logements en hausse quasi continue depuis quinze ans. En cas de défaillance sur un prêt, la banque saisit le bien et le vend, ce qui ne pose pas de problème dans un marché haussier et animé. Depuis le début de la crise, en France, le taux de perte moyen des banques sur les crédits immobiliers est inférieur à 1 %, contre 7 % en Espagne et 12 % en Irlande, deux pays dans

24 http://webstat.banque-france.fr/fr/quickview.do?SERIES_KEY=250.BLS.Q.FR.ALL.MAL.H.C.B3.TC.S.BFNET

lesquels la bulle a explosé brutalement. En revanche, si par malheur le marché se retourne, c'est une autre histoire. Le bien devient plus difficile à vendre rapidement. Mais, c'est bien connu, la pierre ne peut s'effondrer, n'est-ce pas ?

Les marges de votre banque sur cette activité sont très faibles depuis très longtemps, voire nulles en 2012, et la Banque de France s'en est même inquiétée[25] dès 2011 ! Pour une banque, le prêt immobilier est son produit d'appel, ce qui va lui permettre de vous conquérir et de vous conserver comme client sur une longue durée. D'ailleurs, lorsqu'elle vous accorde un prêt immobilier, votre banque vous demande de virer vos rémunérations chez elle. Elle espère ensuite vous vendre ses produits d'épargne et d'assurance. L'effet secondaire pervers de cette mauvaise rentabilité des prêts immobiliers – souligné depuis longtemps par la Banque de France et la Commission bancaire – est par ailleurs la hausse de la pierre. Les taux d'emprunt ont donc été tirés vers le bas par la concurrence que les banques se livraient entre elles pour attirer les dépôts, faisant ainsi naître les vocations de propriétaires, ce qui a permis de nourrir la bulle immobilière.

Non seulement la marge est quasi nulle, mais les crédits étant accordés à taux fixe, cette activité est vulnérable à la hausse des taux qui se profile à l'horizon. En effet, pour les banques, cela se traduira par un

25 http://lexpansion.lexpress.fr/immobilier/credit-immobilier-la-banque-de-france-inquiete-pour-les-marges-des-banques_251464.html

portefeuille de prêts accordés à un prix inférieur que le nouveau taux du marché, donc une plus faible rentabilité que ce qu'elles pourraient obtenir. Ne vous étonnez donc pas que les banques aient réduit la voilure dans ce domaine et, bien que vous lisiez que le taux directeur de la Banque centrale européenne est condamné à rester bas, les offres de prêts immobiliers de votre banque devraient être peu alléchantes, avec des durées plus courtes et des apports plus contraignants pour vous.

Prêts aux entreprises pour de la trésorerie : une triste anomalie

C'est une triste exception française : même lorsque l'économie va bien, nos entreprises connaissent des fins de mois difficiles et ont de faibles marges. Aujourd'hui, avec la crise, les marges sont au plus bas depuis 1985 sous l'effet de la hausse des charges salariales, des cotisations et des impôts. C'est d'ailleurs une des raisons pour lesquelles notre tissu de PME est moins dense que celui de l'Allemagne et que notre taux de chômage est plus élevé. Les grands groupes créent très peu d'emplois sur le sol national et la majorité des gens travaillent dans des petites entreprises. La cause de cette mauvaise rentabilité de nos entreprises est connue : la France est championne du monde des prélèvements sociaux et des pratiques de règlements différés à « x jours fin de mois ». Malgré l'alignement prévu de la France sur l'Europe avec des règlements à 30 jours maximum en 2013, un tiers des entreprises ne sont toujours pas réglées avant 60 jours. Or un quart des défaillances d'entreprises sont liées à des retards de paiement[26]. Le plus extraordinaire est que dans la liste des mauvais payeurs spécialistes des gros délais de paiement, on trouve de grandes banques. Société générale et BNP Paribas sont notamment pointées du doigt par leurs fournisseurs[27]. On trouve aussi l'État lui-même.

De gros prélèvements sociaux toujours en hausse et des paiements laborieux, cela donne des trésoreries vulnérables. Près des trois quarts de demandes de prêts des entreprises sont en réalité des autorisations de découvert.

Les prêts de trésorerie constituent donc une activité importante de la banque. Ils sont souvent négociés à taux variable pour les gros prêts « Libor ou Euribor + quelque chose ». Le Libor et l'Euribor sont les taux auxquels les banques déclarent se prêter mutuellement, cette formule leur permettant de s'affranchir du risque d'une hausse des taux durant la vie du prêt. Le « + quelque chose » en sus de l'Euribor était en 2013 très légèrement supérieur à 1,5 % pour du 3 mois. Pour des entreprises en restructuration[28], il est courant d'aller jusqu'à + 5 %.

---

26 http://www.cession-entreprise.com/actualite/secteurs/une-progression-de-27-des-dfaillances-sur-2012-mais-avec-une-nette-hausse-sur-la-fin-de-lanne-1417.html

27 « PME : halte au massacre », *Challenges*, n° 366, novembre 2013.

28 Pour des entreprises relativement saines, disposant encore d'une assurance-crédit.

Prêts aux entreprises pour leurs investissements

La banque prête aux entreprises qui souhaitent investir dans leur outil de travail. Il s'agit là le plus souvent d'investissements industriels, les « biens de capitaux », qui vont permettre de produire plus ou à meilleur coût. Cette activité s'apparente à celle de la banque d'investissement. À vrai dire, seuls les montants en jeu vont distinguer les deux activités. Participer au financement d'une machine à commande numérique de la PME régionale est du ressort de la banque de détail. L'aide au financement d'une chaîne de montage du nouveau véhicule électrique d'un grand constructeur est plutôt de l'ordre de la banque d'investissement.

Courtage et activités de marché

Ces activités concernent à la fois la clientèle particulière et les entreprises. Vous avez peut-être un PEA ou un compte-titres dans votre banque. Dans ce cas, celle-ci achète ou vend des actions pour votre compte. Elle vous facture des frais de courtage, des frais de garde et des frais de change si vous achetez des actions étrangères. Elle vous vend ses « produits d'assurance », et notamment de l'assurance-vie, dans laquelle vous pourrez opter pour les fonds gérés par votre banque. Elle peut aussi se livrer à des activités de marché pour ses gros clients, pour des entreprises recherchant des couvertures contre un risque donné.

Spéculation pour compte propre sur les marchés financiers

Dans cette activité, les banques vont utiliser leurs ressources (vos dépôts, mais aussi de l'argent qu'elles empruntent à tarif préférentiel sur les marchés) pour prendre des paris sur les marchés financiers. C'est une des activités les plus risquées, mais aussi les plus rentables. Elle s'est considérablement développée et les Bourses sont maintenant électroniques, ce qui veut dire que les ordres sont gérés informatiquement. Certains logiciels utilisent la lecture automatique et sont programmés pour détecter des mots favorables ou défavorables à une valeur lorsqu'une dépêche de Bloomberg ou de Reuters tombe. Les ordres de vente ou d'achat sont déclenchés avant même qu'un être humain ait eu le temps de prendre connaissance de l'information.

Récemment, s'est développé le *trading* haute fréquence, ou *flash trading*. Il s'agit de faire passer des ordres de Bourse automatisés avant ceux des concurrents et de profiter d'un écart de cours minime dans un laps de temps très court. Le développement de ce type de *trading* a été rendu possible grâce à l'informatisation des Bourses, à la disparition des systèmes dits « à la criée » et à l'apparition de cours avec plusieurs décimales. Une dizaine de sociétés privées non cotées se partagent cette activité au côté de quelques grosses banques. La fréquence des ordres et les volumes font du chiffre, même si les écarts de cours sont infimes. On estime ainsi que plus de 90 % des ordres d'achat ou de vente d'actions relève du *flash trading*, qui représente 40 % du volume en Europe et 65 % aux États-Unis. 1,6 milliard d'actions sont ainsi échangées quotidiennement sur les Bourses américaines. Il s'agit d'opérations dites *intraday* et à la fin de la journée les établissements bancaires n'ont pas plus d'actions qu'au début. Le *trading* algorithmique mobilise de gros investissements, car il rapporte gros. Corollaire, bien sûr, il peut coûter gros et personne n'est à l'abri d'un accident. Les récents *flash crash* – chutes brutales des marchés dans un très court laps de temps en 2010 puis 2012 – ont prouvé que ces systèmes automatisés, pilotés par des logiciels conçus par des mathématiciens spécialistes de la finance de marché, peuvent devenir fous. En pratique, si deux algorithmes différents s'avèrent d'humeur allergique et se combattent, le krach surgit. Le fonds Knight Capital Group a ainsi perdu 440 M$ en trente minutes le 1er août 2012, provoquant sa quasi-faillite.

Vous vous demandez peut-être bien en quoi ces activités seraient bénéfiques à l'économie et pourquoi des banques de détail qui abritent vos dépôts jouent à cela ? Dans un rapport[29], des experts de la Banque centrale européenne considèrent que les robots traders ont un rôle bénéfique dans la fixation des prix, ils éviteraient les erreurs de prix transitoires, la volatilité comme disent les spécialistes. Les auteurs, qui sont professeurs d'université, défendent la thèse que

29 Jonathan Brogaard, Terrence Hendershott et Ryan Riordan, « Trading haute fréquence et découverte du prix », novembre 2013.

les robots seraient informés, contrairement aux investisseurs non sophistiqués qui, effarouchés par la volatilité, ont tendance à vendre lorsqu'ils devraient acheter, et inversement. L'économie réelle est cependant peu sensible à la volatilité à court terme des prix. Que le baril de pétrole puisse varier de 2 % en une heure de temps n'empêche pas les avions de décoller ou les porte-conteneurs de poursuivre leur route. Les contrats à terme qu'utilisent les professionnels pour se prémunir des variations des cours leur suffisent. Donc l'activité de *trading* haute fréquence, si elle peut être lucrative pour votre banque, ne l'est certainement pas pour vous et peut en outre s'avérer très dangereuse pour la sécurité de vos dépôts.

Leverage Buy Out ou LBO, fusacqs, offres publiques d'achat ou OPA : la grande cuisine de la banque d'investissement

Les LBO sont des prêts accordés à une entreprise pour racheter une autre entreprise. Les fusacqs sont les opérations de fusion-acquisition des grandes entreprises cotées ou non et enfin les offres publiques d'achat sont les acquisitions d'entreprises cotées. Dans ces opérations, la banque intervient en tant que conseil et facture des honoraires calculés en pourcentage de l'opération. Nous sommes ici dans le royaume de la banque d'investissement.

De nombreux LBO de plus de 100 M€ conclus dans la griserie de l'avant-crise ont dû être restructurés en 2009 et 2010. Les échéances de remboursement ont été reportées, les clauses de protection des prêteurs allégées, des systèmes d'obligations convertibles en actions mis en place. La croissance allait revenir en 2012-2013 et il suffisait d'un peu de temps pour que la bête achetée à crédit crache à nouveau de quoi rembourser les intérêts du prêt, pensait-on. Le capital, lui, est remboursé *in fine*, c'est-à-dire à la fin du prêt.

« Pour éviter trop de publicité, ces difficultés étaient traitées pour la plupart dans le cadre d'un mandat *ad hoc* suivi d'une conciliation amiable. Sachant que les banques qui avaient conservé ces dettes LBO dans leurs bilans ne souhaitaient pas figer ce type de pertes », indique *L'Agefi*. En 2013, il faut déchanter. La bête achetée à crédit ne veut toujours pas cracher comme on s'y attendait. Les dettes renégociées en 2013 ont vu en moyenne leur taux baisser de 5,91 % à 4,84 %, autant de précieuse marge en moins pour les banques qui ont accordé des prêts. La croissance se faisant attendre, les restructurations à venir promettent d'être plus méchantes.

***Shadow banking*, la banque de l'ombre qui échappe à la régulation**

Le *shadow banking* désigne un marché non régulé, réservé en principe aux professionnels hors du système bancaire, mais acceptant les dépôts des particuliers. Il s'agit des assureurs, des courtiers et des fonds spéculatifs. Les transactions qui s'y nouent sont hors bilan et échappent à la régulation. Dans la pratique, la frontière avec le système bancaire est plus floue que cela. Le *shadow banking* pratique par exemple des opérations de prêts et d'emprunts sur titres. La porosité avec les banques est possible au travers des courtiers en actions, de la titrisation (ces petits paquets de créances tronçonnées dont on parlera plus tard) et des fonds spéculatifs.

Signal précoce du krach de 2008, le 9 août 2007, BNP Paribas annonçait suspendre le calcul de la valeur liquidative d'un de ses fonds de placement. Dans le portefeuille de ce fonds, figurait un actif attaché à de l'immobilier dont la valeur dépendait du marché américain de la titrisation. Ce marché s'est retrouvé gelé car la peur commençait à monter. Faute de transactions sur cet actif, incapable de calculer la valeur des parts de son fonds, BNP Paribas a dû se résoudre à en suspendre la cotation.

Aujourd'hui, la finance de l'ombre se porte très bien ; les fonds monétaires et les investissements hors bilan pesaient 71 000 Mds$[30] à fin 2013, en augmentation de 8 % par rapport à 2012. Les États-Unis assurent 37 % de cette activité et l'Europe 32 %. Les pays émergents les plus actifs sont la Chine, l'Argentine, l'Inde et l'Afrique du Sud.

Les *dark pools* (« sombres piscines », ou marchés opaques) traitent plus de transactions que les Bourses

30 Rapport annuel du conseil de la stabilité financière (FSB) portant sur la finance de l'ombre.

régulées et gagnent des parts de marché sur ces derniers. Ces réseaux boursiers permettent aux traders d'acheter ou de vendre de gros volumes de titres en toute discrétion. Les prix des transactions restent secrets, y compris pour les différents acheteurs (dans le cas d'une grosse vente) ou vendeurs (dans le cas d'un gros achat), jusqu'à ce qu'elles soient finalisées.

La banque universelle, trop grosse pour faire faillite, manque de fonds propres

Finalement, plus de cinq ans après l'éclatement de la crise du crédit *subprime*, la banque universelle résiste. Mais où sont véritablement les marges, dans quelles activités ? « Les établissements communiquent sur la performance de leurs métiers cœurs et retraitent leurs principaux indicateurs du compte de résultats d'éléments considérés comme exceptionnels ou non pertinents, ce qui rend plus complexe l'interprétation des données purement comptables »[31] notait le cabinet KPMG. Non seulement l'opacité règne, mais les banques universelles sont devenues des monstres sous-capitalisés. Évidemment, la communication ne présente pas tout à fait les choses sous ce jour. Nos banques financent l'économie et leur taille devrait faire notre fierté nationale.

« Un pays a besoin de banques puissantes pour financer l'économie. Ce sont les réserves que les banques constituent, grâce à leurs profits, année après année, qui leur permettent de distribuer des *crédits*. La quantité

31 *L'Agefi Hebdo*, n° 394, novembre 2013.

de fonds propres alloués au financement de l'économie est proportionnelle à la quantité de fonds propres que possède une banque », déclarait Jean-Laurent Bonnafé, patron de BNP Paribas, au *Monde* en 2012 pour justifier une augmentation des fonds propres de son établissement. En gros, le message est : plus j'ai de fonds propres, plus je prête à l'économie et c'est bien de m'en donner. Mais ce n'est pas tout à fait exact puisque, dans le même temps, la BNP réduit ses engagements.

La vérité est effectivement légèrement différente. De l'autre côté de l'Atlantique, on souligne le manque cruel de fonds propres des banques européennes pour couvrir les risques. On y fustige la complaisance des autorités face à leurs champions internationaux. L'Europe souffre en fait d'un système bancaire hypertrophié : les actifs bancaires y représentent 350 % du PIB européen, contre seulement 75 % aux États-Unis. Un peu mieux capitalisées, les banques américaines ne sont toutefois pas non plus les parangons de vertu qu'elles souhaiteraient incarner.

En réalité, les banques européennes doivent d'urgence trouver de l'argent frais pour renforcer leurs fonds propres et renoncer à prétendre que certaines créances leur seront intégralement remboursées. Mais qui voudra souscrire à des augmentations de capital (le plus souvent sous forme d'obligations dites convertibles[32]) et risquer son argent en première ligne en cas de crise ?

32 L'émetteur se réserve le droit de transformer l'obligation qu'il ne peut pas payer en actions.

La méfiance règne d'autant plus que, dans les bilans des banques, figure de la dette d'États dont les finances publiques sont loin d'être florissantes et qui, en déficit chronique, ont toujours besoin de trouver des prêteurs. « Ceci implique aussi que les gouvernements trouvent d'autres poches de capitaux que les bilans des banques qu'ils ont plombées. Cela ne les a pas empêchés, ensuite, en parfaite hypocrisie, de leur reprocher d'avoir investi massivement en emprunts d'État. La santé de tout le système bancaire passe par cette discipline. [...] La BCE est dans une situation périlleuse. Considérer que tout va bien n'est plus crédible. Affecter des coefficients de risques aux emprunts de l'Union européenne est un exercice périlleux, pour ne pas dire une bombe politique. À la fois gardienne de la stabilité financière de l'Union européenne, et superviseur des banques, la BCE rencontre ici un de ses premiers grands conflits d'intérêt. » (Georges Ugeux[33], PDG de Galileo Global Advisors, banque d'affaires internationale à New York.)

Les banques sont donc actuellement toujours dangereuses, la Banque centrale européenne et les autorités le savent, les banques elles-mêmes le savent, mais l'opacité règne toujours et il faut surtout éviter une fuite des dépôts et donc maintenir la confiance à tout prix. Pouvez-vous dans ces conditions compter sur les sources d'information classiques pour savoir si votre banque va vraiment bien ? Pas tout à fait, car vos intérêts ne sont pas les mieux représentés. Les ana-

33 Auteur de *La Trahison de la finance*, Odile Jacob, 2010.

lystes extérieurs – notamment ceux qui sont employés par les investisseurs institutionnels qui ont prêté aux banques – s'intéressent au coefficient de rendement, ou *return on assets* (ROA), qui compare le résultat net au total des actifs de la banque. Cette approche néglige les activités de hors-bilan, celles du *shadow banking*, non régulé, qui a beaucoup gonflé ces dernières années. L'institutionnel qui a prêté à la banque ne peut que mesurer combien d'argent en moyenne la banque gagne sur votre dos. Ce qui l'intéresse, c'est de savoir si la banque est à l'aise pour le rembourser, lui.

Les actionnaires scrutent le résultat net et le comparent aux fonds propres qu'ils ont investis. C'est le coefficient de rentabilité (ou *return on equity*, ROE) qui donne le rendement de leur investissement. Mais un bon coefficient de rentabilité peut provenir d'un faible niveau de fonds propres. Ce qui est intéressant pour l'actionnaire qui est prêt à prendre des risques est dangereux pour vous.

« En matière de solvabilité, l'état des établissements de la zone euro est loin d'être satisfaisant. [...] La décote des cours de Bourse sur l'actif net comptable montre que le marché ne se fait guère d'illusion sur la qualité des informations qu'on lui fournit. » (*L'Agefi Hebdo*, 18 juillet 2013.)

Si même pour les professionnels de la finance il est difficile d'y voir clair, que dire pour les simples particuliers ? La communication financière s'adresse aux prêteurs institutionnels des banques et aux actionnaires, mais elle néglige les déposants. Beaucoup de jargon rend les choses opaques, notamment toutes les discussions en cours sur l'union bancaire et le système de résolution bancaire, qui ne sont rien d'autre que des mécanismes politiques et judiciaires prévus pour légalement engloutir une partie de vos dépôts en cas de future faillite bancaire. Le système financier actuel est un système monopolistique contrôlé par l'élite politique et financière pour son propre intérêt. C'est un capitalisme dévoyé où règne le copinage.

3

Les banquiers sont-ils irresponsables et incompétents ?

Je pense que nous avons tous été probablement trop arrogants, trop convaincus que les choses étaient correctes telles qu'elles étaient.
Andrea Orcel, directeur de la banque d'investissement de l'UBS, le 9 janvier 2013, devant la Commission parlementaire britannique

Où le lecteur candide apprendra que les banques trop grosses pour faire faillite sont simplement trop grosses pour exister. La sanction naturelle du capitalisme, c'est la faillite, le processus de destruction créatrice qui laisse disparaître ce qui est devenu inadapté et laisse apparaître autre chose. Mais les banquiers sont de fins esprits et ont dévoyé le capitalisme en le manipulant à leur profit. Les politiciens sont associés au système et parviennent ainsi à financer leurs folies.

Si vous vous hasardez dans un dîner en ville à émettre une opinion négative sur la compétence des banquiers, vous êtes rapidement ostracisé et vous vous faites taxer de populiste. Ce dernier terme est évidemment l'injure suprême. Le populiste attaque l'élite, dont il ne fait pas partie. Probablement parce qu'il n'en est pas digne ou qu'il n'est pas apte. Il en appelle au peuple, aux gens comme lui, les misérables hors de l'élite moderne qui se compose des politiques, des intellectuels (une spécialité française désignant des gens sans métier précis qui vivent de leurs idées fumeuses), des financiers et des *people* du *show business*, ces derniers étant, avec les gagnants du Loto, les seuls spécimens français dont les gains d'argent soient regardés d'un bon œil.

Pourtant, les banquiers sont bien irresponsables et incompétents ; je vais vous le prouver et ce n'est pas une attaque populiste. Comme l'irresponsabilité et l'incompétence sont deux accusations graves, autant se mettre d'accord tout de suite sur la définition. Commençons par l'irresponsabilité, finalement assez facile à prouver.

Il est en général admis que l'irresponsabilité est l'absence de responsabilité légale ou morale. Hélas, la notion de « morale » remplit des kilomètres de rayons de bibliothèques et le légal est quant à lui fluctuant. Mais, heureusement, le Petit Robert précise que la responsabilité est l'« obligation de réparer le dommage que l'on a causé par sa faute ».

Or, depuis des années, les banques sont exonérées de cette obligation. Le Crédit lyonnais a coûté 20 Mds€ aux contribuables français mais n'a pas fait faillite. Dexia n'a pas fait faillite. Durant la crise du crédit *subprime*, l'État français a prêté presque 20 Mds€ aux banques. Les réserves du Fonds de garanties des dépôts, alimenté par la profession, ne sont que d'environ 2 Mds€, pour 600 Mds€ de dépôts, soit 1 € pour 300 € de dépôts à vue. Depuis la malheureuse affaire du Crédit lyonnais, il est de notoriété publique que les banques sont devenues « trop grosses pour faire faillite ».

Comment se fait-il que ces monstres bancaires soient bien vus et non pas combattus ? Sont-ils réellement vitaux pour notre société ? L'OCDE soulève la question : « Faudrait-il assimiler les banques aux services essentiels comme l'eau ou l'électricité et leur appliquer les mêmes règles ? »[34] Non, et d'ailleurs l'OCDE répond elle-même implicitement à sa propre question : « C'est difficile à croire, mais il fut un temps où le secteur financier ne pesait pas lourd dans nos économies. »

Trop gros pour faire faillite donc trop gros pour exister

L'hypertrophie du service bancaire n'est pas indispensable à la croissance, le développement du crédit n'est pas la croissance. Durant les années 1960, caractérisées par une forte croissance et un faible chômage, l'industrie financière pesait deux à trois fois moins lourd que maintenant, que ce soit aux États-Unis ou en Europe. La croissance du crédit n'est pas la croissance

34 « Banque, éthique et principes de bonne gestion », *L'Observateur* de l'OCDE, n° 294, avril 2013.

des vraies richesses, la croissance qui fait que le chômage diminue. Les banques ont des bilans d'une taille monstrueuse, elles ont trop prêté. Les États se sont employés à les sauver en taxant leurs contribuables au motif qu'un système bancaire sain est indispensable au bon fonctionnement de l'économie, et surtout pour éviter la panique chez les déposants. Aujourd'hui, nous avons une « morne croissance », un chômage de masse, et on s'efforce de faire croire que les banques sont assainies.

Les banques sont irresponsables dans les faits puisqu'elles bénéficient de la caution des contribuables. N'ayant jamais à payer la casse, elles ont cependant l'ambition légitime de toute entreprise qui est de croître, non de s'étioler.

Mais les banques ne sont pas tout à fait comme les autres entreprises…

En face de leurs engagements – les prêts qu'elles accordent avec, entre autres, l'argent des déposants –, les banques doivent pouvoir aligner des fonds propres. La réglementation prétend s'assurer que les fonds propres soient suffisants face aux engagements. On a remplacé la responsabilité par une réglementation tatillonne. Des fonctionnaires sont censés pouvoir fixer un niveau de fonds propres suffisant. La véritable garantie d'une banque trop grosse pour faire faillite, ce ne sont pas ses fonds propres, mais les déposants et les contribuables.

Une banque achète et vend, presque comme une

entreprise, mais pas tout à fait. Elle « achète » de l'argent, ou elle capte vos dépôts, et elle prête ensuite tout cet argent. Elle réalise sa marge en prêtant plus cher qu'elle n'achète. Pour acheter l'argent qui n'est pas vos dépôts, on dit qu'elle « lève de l'argent sur les marchés ». Comme c'est une banque, les marchés acceptent de lui prêter moins cher que, par exemple, à l'entreprise Tartampion. Admettons que Tartampion achète du papier et des bougies et vende des lampions. C'est un business risqué car, si ses affaires vont mal, Tartampion fait faillite. Celui qui lui a prêté rentre dans la file d'attente des créanciers (fournisseurs de papiers, de bougies, salariés, etc.).

Les banques qui empruntent obtiennent un tarif préférentiel car elles sont différentes de Tartampion. Si les affaires de la banque tournent mal, les actionnaires qui ont apporté les fonds propres (l'argent qui appartient réellement à la banque) et la Banque centrale paieront la casse. La Banque centrale, ce sont les contribuables, vous et moi. Ce n'est pas le cas de l'entreprise Tartampion, qui ne bénéficie pas de toutes ces garanties. Si Tartampion fait faillite, le contribuable ne paiera pas.

Fortes de ces privilèges, nos banques sont devenues irresponsables puisqu'elles savent qu'elles ne paieront pas la casse. Elles ont laissé grossir leurs bilans en se croyant immunisées contre tous les risques et en faisant croire au marché et aux régulateurs que lesdits risques étaient contrôlés. Les fonds propres n'ont pas suivi.

Le Crédit agricole – dont les engagements atteignent presque le PIB de la France – prête par exemple plus de 60 fois ses fonds propres[35]. Au 30 juin 2013, les engagements de la banque verte se montaient à 1 784 905 M€ pour 30 554 M€ de capital et réserves liées. Est-ce vraiment le « bon sens près de chez vous », la gestion de bon père de famille ?

À ce niveau de taille, si une banque fait faillite, les dommages sont considérables. On pourrait donc concevoir que les fonds propres des banques qui ont des dépôts puissent grossir, non pas proportionnellement aux engagements, mais de façon plus que proportionnelle.

Le hasard moral et l'irresponsabilité légalisée

Mais au fait, pourquoi laisse-t-on les banques s'autodébrouiller, contrairement par exemple aux industriels, et pourquoi l'État (et donc les contribuables) se portent-ils caution ?

La presse et les médias vous parlent parfois de « hasard moral » lorsqu'ils évoquent cette question de la caution ultime de l'État envers les banques.

Ce « hasard moral » a un nom : l'irresponsabilité, programmée par trois principes :

- celui des réserves fractionnaires (une banque prête de l'argent qu'elle n'a pas) ;

35 http://www.jpchevallier.com/

- celui de la garantie des banques centrales ;
- celui de la garantie des contribuables si la précédente ne suffit pas.

En France, s'ajoute un autre principe propre à notre droit. La faute pénale n'existe que lorsqu'il y a détournement de fonds à des fins d'enrichissement personnel. L'imprudence ou l'incompétence ne sont pas sanctionnées. Les banquiers sont donc irresponsables parce que le cadre légal actuel concocté par les politiques le leur permet.

À l'irresponsabilité, les banquiers ajoutent l'incompétence. Là encore, il s'agit d'une accusation grave et je vous propose de nous tourner encore une fois vers le dictionnaire pour nous mettre d'accord sur ce que recouvre précisément l'incompétence. Le Petit Robert nous la définit comme le « défaut des connaissances et de l'habileté nécessaires ».

Le métier de la banque consiste à prêter et à évaluer le risque du prêt. Le taux d'intérêt se calcule en fonction du risque et plus le risque est grand, plus le taux demandé est élevé. L'évaluation des risques et leur couverture sont donc le cœur du métier de la banque.

« Pendant longtemps, le modèle de base reposait sur la rationalité des agents. [...] On supposait que les individus étaient capables d'appréhender toutes les informations disponibles, de les intégrer dans leurs raisonnements, d'en déduire tous les scénarios possibles, d'avoir une estimation la plus pertinente possible de la probabilité de tous ces scénarios et que, soumis aux mêmes informations, deux individus auraient la même représentation des futurs possibles ! Évidemment, on sait bien que ça n'est pas le cas. » (Elyès Jouini, « Le retour des risques cachés de la finance », *Les Échos*, 28 mai 2013.[36])

Mettre en avant la « rationalité » des dirigeants est effectivement un leurre.

L'incompétence issue d'un orgueil insensé

La cuisine financière a récemment beaucoup évolué au contact des mathématiques et plus précisément des probabilités. Parmi les innovations récentes issues des mathématiques financières, la titrisation. Selon ce principe, un prêt est tronçonné, assemblé avec d'autres tronçons de prêts plus ou moins risqués, assaisonné avec, par exemple, une assurance (*credit default swaps,* ou CDS, qui sont des « produits dérivés »). Ce petit pâté est revendu à d'autres, passe de main en main. Vous remarquerez, et ce n'est pas anodin, que la banque ne conserve pas son risque chez elle, elle le revend à d'autres. Ce sont en général des investisseurs institutionnels – les « zinzins » – comme les compagnies d'assurances ou les fonds de pension qui gèrent les retraites par capitalisation.

36 http://www.lesechos.fr/supplement/20130528/supplement/0202783940813-elyes-jouini-le-retour-des-risques-caches-de-la-finance-569881.php

Imaginez qu'une banque accorde un crédit immobilier à votre voisin Duraton à 4 % sur vingt ans, 3 crédits automobiles à 7 % durant cinq ans, 2 crédits entreprises – qui sont en restructuration – à taux variable (Euribor + 7%). On saucissonne le tout dans un seul produit financier, on le découpe en tranches et on peut revendre des parts d'un « produit financier structuré » qui rapporte du 6 %. Vous me direz : « Ça doit être risqué un rendement de 6 % alors que les taux sont si bas ? » Mais pas du tout, vous répondra le concepteur du produit structuré, car vos risques sont diversifiés (immobilier, consommation, trésorerie d'entreprise), et on vous a mis en plus une couverture, une assurance, qui est un autre produit dérivé concocté par la banque. C'est le bonheur absolu ! La banque peut revendre cette andouillette AAA à d'autres (les investisseurs institutionnels ou zinzins), ce qui lui permet de ne pas garder tous ces prêts dans son propre bilan. Vous, zinzin, avez un produit financier qui rapporte, et par les temps qui courent c'est bien, car ce n'est pas avec des emprunts d'État qui rapportent du 2 % que vous allez servir des retraites flamboyantes. C'est donc typiquement le genre de machin gagnant-gagnant.

Deux conséquences cependant :

- L'emprunteur et le prêteur ne se connaissent plus. Le prêt Duraton est haché menu dans l'andouillette.

- La fiabilité du rendement du petit pâté dépend d'une kyrielle de calculs de risque et du produit dérivé censé les assurer.

Pour évaluer leurs risques, et notamment leurs risques de marché, les banques s'appuient sur des lois statistiques. Hélas, la loi statistique la plus couramment appliquée en finance, la loi de Gauss, est inapplicable.

J'ai déjà développé ce qui va suivre dans mes livres précédents et je prie les lecteurs fidèles de sauter ce passage et d'aller butiner directement en page 75. Pour les nouveaux, j'aimerais rapidement vous convaincre que confondre risque et incertitude peut amener à des catastrophes. En matière de placement, un risque consiste à perdre définitivement tout ou partie de son argent. Pour un financier d'aujourd'hui, un risque est un écart par rapport à une moyenne de prix. Un actif – que ce soit une action, une obligation, un prêt, un contrat à terme sur matière première – est dit « risqué » si son prix varie fortement autour de sa moyenne. On dit aussi au pigeon que l'actif est « volatil », ce qui lui fait moins peur que « risqué ». Si un lycéen a 12 de moyenne avec des 20 et des 4, il est plus « volatil » qu'un autre lycéen qui a 12 de moyenne avec des 14 et des 10.

Les modèles qui gèrent la marche financière du monde reposent sur la loi de Gauss – ou loi de distribution de probabilités, ou encore loi normale de distribution. Cette loi dit simplement que le risque est une fonction de la volatilité, autrement dit des variations de cours.

La loi de Gauss attribue en fait des probabilités à des variations de cours. Voici une allure de « courbe en cloche », pour reprendre l'expression imagée des Anglo-Saxons. Cette courbe indique comment varie la valeur d'une caractéristique. Le sommet est la valeur moyenne, celle que l'on retrouve le plus souvent. Ensuite, on va retrouver d'autres valeurs supérieures ou inférieures à cette moyenne. Plus ces autres valeurs s'écartent de cette moyenne, plus elles sont rares. Dans une classe de 30 élèves, il y a en général beaucoup moins de 10 cancres et beaucoup moins de 10 cracks.

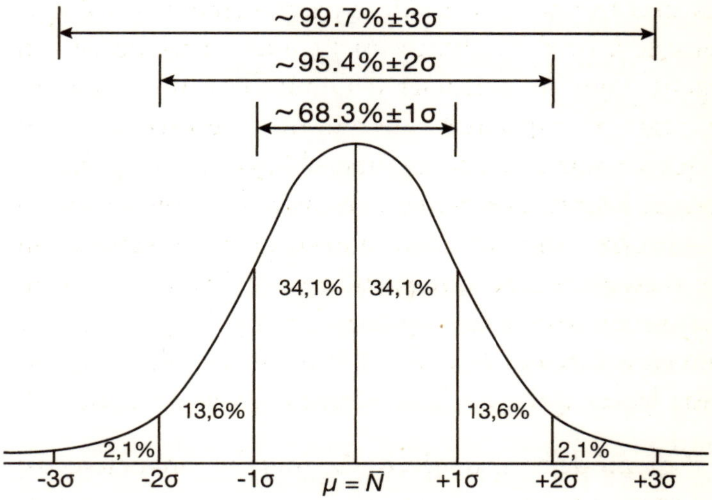

Voici concrètement comment cela marche en finance. On enregistre le cours de cette action durant dix ans. Le cours moyen est de 100 et l'écart type autour de ce cours calculé sur dix ans de cotation est de 10. La loi de Gauss permet de dire que :

- 68,3 % du temps, le cours de l'action est compris

entre 80 et 120 (variation de plus ou moins 1 écart type) ;

- 95,4 % du temps, le cours de l'action est compris entre 60 et 140 (variation de plus ou moins 2 écarts types) ;
- 99,6 % du temps, le cours de l'action est compris entre 40 et 160 (variation de plus ou moins trois écarts type).

La probabilité pour que le cours de l'action dépasse 130 ou tombe sous 70 est infime, inférieure à 0,4 %. Vous pouvez remplacer le mot « probabilité » par le mot « risque ».

En pratique, ces lois statistiques sont constamment prises en défaut sur les marchés financiers. Le krach boursier de 1987 correspond à une variation par rapport à la moyenne des indices de 25 écarts types. Ce krach avait théoriquement une probabilité de se produire tous les 10^{50} ans. Autant dire que le Big Bang qui s'est déjà produit une fois dans notre univers est plus probable[37] ! Le très improbable krach de 1987 fut suivi des tout aussi improbables krachs de 1990, 1998, 2001, 2008… Sans parler des récents *flash krachs* – ou *flash crash* – imputables au *trading* automatique, qui justement manipule des algorithmes de calculs de risques.

37 L'âge de l'univers n'est que de 13,7 x 10^9 années, soit 13,7 milliards d'années.

S'accrocher à ces méthodes relève bien de l'incompétence, car il est désormais connu dans les milieux universitaires que le modèle ne fonctionne pas. Certains mathématiciens, dont le Français Benoît Mandelbrot (1924-2010), le dénoncent depuis longtemps. Mandelbrot y voyait en revanche une application parfaite de son modèle dit « fractal », dont voici une représentation très schématique.

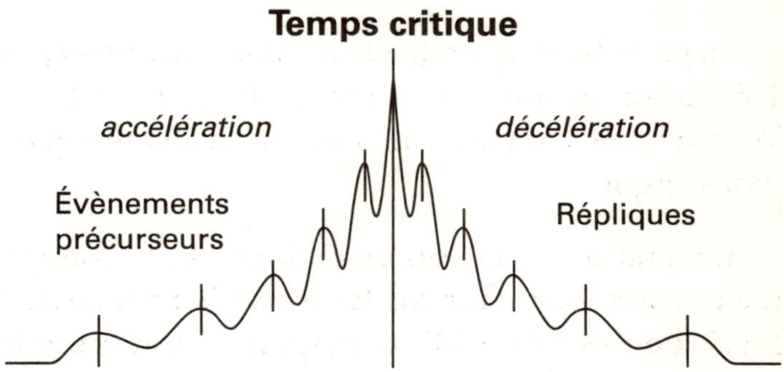

Plus récemment, Nassim Taleb, le père du *Cygne noir*[38], a développé de façon littéraire le concept des événements rares et imprévisibles, les apparitions de cygnes noirs. Il a décrit leurs conséquences en parlant d'effet « scalable », néologisme désignant pour les mathématiciens les lois de puissance.

Gauss a établi sa loi pour des « variables indépendantes ». Prenons par exemple la taille d'une population. Votre taille ne dépend pas de la mienne. Nos tailles sont des caractéristiques (nous ne mesurons pas

38 *Le Cygne noir. La puissance de l'imprévisible*, Les Belles Lettres, 2010.

la même taille), indépendantes (elles n'ont pas de lien entre elles). Maintenant, remplacez le mot « taille » par le mot « prix » et vous voyez bien que quelque chose cloche.

Le prix que vous accordez à une chose dépend du prix que votre voisin qui la convoite également lui accorde. L'exemple typique est bien sûr les enchères sur eBay. Pour soutenir le contraire, il ne faut jamais avoir mis les pieds dans une criée ou une vente aux enchères. Les marchés financiers ne sont-ils pas une gigantesque vente aux enchères ?

En outre, les prix ont une mémoire. Tout le monde se souvient que le pétrole a valu 150 $ le baril, que l'or a frôlé 1 900 $ l'once et que le mètre carré parisien vaut encore plus de 10 000 € dans certains endroits. Une fois qu'un prix a été atteint, il y a un phénomène psychologique qui freine le retour à l'état antérieur. Ceci est vrai à la hausse comme à la baisse.

Sur cette erreur – qui consiste à considérer le prix de quelque chose comme une caractéristique indépendante – repose toute la pyramide des mathématiques financières et des calculs de risque. Dans une communication qui a fait date pour les spécialistes, intitulée « The Dog and the Frisbee » (31 août 2012), Andrew Haldane a démontré empiriquement l'ineptie de ces méthodes de calcul des risques. Haldane, qui n'est autre que le directeur de la stabilité financière de la Banque d'Angleterre, a des responsabilités à la Banque des règlements internationaux et au Fonds monétaire international. Il dénonce publiquement les dérives financières depuis 2011. Son discours « The Dog and The Frisbee » a été distribué au congrès annuel des banquiers centraux de Jackson Hole (Wyoming) et salué par *The Wall Street Journal*. La finance sait qu'elle est dans l'erreur depuis longtemps ; refuser d'en tirer les conclusions relève donc bien de l'incompétence.

En appliquant la loi de Gauss, on pense quantifier aisément un risque financier. Avant 2008, les calculs de risques avaient conclu qu'il était impossible que l'immobilier baisse partout en même temps aux États-Unis.

La vie financière gaussienne est un long fleuve tranquille. Connaissant mon risque, je pense n'être plus confronté à l'incertitude et je peux assurer ce risque. Je peux aussi parler de couple risque-rendement. Plus l'écart par rapport à la moyenne augmente, plus l'actif est risqué. Inversement, plus l'écart est faible, plus l'actif est sûr. C'est ainsi qu'une obligation qui bouge peu est considérée comme bien plus sûre qu'une action.

Connaissant les risques, je peux les assurer et faire un cocktail de « produits financiers complexes » qui mélange des actifs risqués à des actifs moins risqués (chaque risque étant modélisé).

Ayant assuré des risques connus, je peux augmenter mes effets de levier en toute quiétude. Et voilà pourquoi nous parlons de milliers de milliards de dollars et d'euros et de banques.

La puissance de la réalité et les dérangeantes lois de puissance

Hélas, la réalité est souvent régie par les lois de puissance, les fractales de Mandelbrot, ou encore les lois « scalables » pour reprendre le néologisme de Nassim Taleb.

Une loi de puissance est capable de décrire efficacement les effets d'emballement, effets que l'on constate en finance lors de la formation des bulles puis de leur éclatement.

Considérez les algorithmes et les programmes de *trading* automatique tournant avec les modèles gaussiens (plus ou moins tripotés et ajustés pour les faire coller – a posteriori – aux événements). C'est assez confortable, car n'importe quel PC de base est capable de simuler un modèle gaussien. En revanche, il n'en est pas du tout de même avec les lois exponentielles. S'il fallait revoir les modèles de risque à la lumière des fractales, il faudrait des Cray, ces supercalculateurs, et non plus de vulgaires PC avec un tableur Excel. Les lois de puissance sont dérangeantes et, surtout, les adopter conduirait à un inconvénient majeur : minimiser les risques, c'est aussi minimiser les besoins en fonds propres. Moins de fonds propres, d'argent gelé, signifie que l'activité bancaire est plus rentable ; une banque, comme toute entreprise, entend fonctionner avec le moins de capital immobilisé possible.

Un blogueur condamné à 10 000 € d'amende pour crime de lèse-banque

Jean-Pierre Chevallier est un blogueur spécialisé dans l'épluchage des bilans de banque. Il est connu et respecté d'une communauté qui recherche de l'information plutôt que de la « communication ». Il a osé parler du ratio de solvabilité de différentes banques, dont la Société générale, sans utiliser le modèle de risque gaussien. Il a été mis à l'amende par l'Autorité des marchés financiers (AMF) pour avoir « diffusé une information inexacte sur le niveau d'endettement de cet établissement bancaire ».

Traditionnellement, la solvabilité d'une banque était évaluée comme un rapport entre les engagements d'une banque – ce qu'elle prête ou ce qu'elle mise sur les marchés – et ses fonds propres, c'est-à-dire l'argent qu'elle possède réellement (ce que ses actionnaires ont mis au pot et remettent éventuellement grâce aux bénéfices antérieurs). Traditionnellement toujours, du temps où les banques n'étaient pas encore « trop grosses pour faire faillite » et où les dirigeants étaient responsables sur leurs biens propres, ces ratios étaient laissés à la latitude des banquiers. Si la période leur paraissait risquée, ils mettaient de côté plus de fonds propres. Si au contraire les affaires semblaient prospères, ils en avaient moins. S'ils se trompaient et faisaient faillite, ils se suicidaient assez souvent.

Puis les mathématiques financières sont passées par là. Plutôt que d'évaluer les risques et d'accepter avec humilité l'incertitude, on les calcule. Ceci permet de minimiser le volume des engagements en les pondérant des risques évalués à partir de modèles mathématiques complexes et spécifiques à chaque banque. Les lobbys bancaires ont défendu l'idée de *« ratio core tier one »* ou ratio « pondéré des risques ». Ce concept obscur permet de pondérer les engagements en fonction des risques. Par exemple, prêter à une grande démocratie surendettée en panne de croissance ne présente aucun risque et une banque n'a pas besoin de provisionner des fonds propres en regard de cet investissement. Mais prêter à une entreprise de biotechnologie non notée par une grande agence de notation est extrêmement risqué et la banque a besoin de mobiliser beaucoup de fonds propres, au cas où…

Revenir au bon vieux ratio d'antan, ce serait dévoiler des indicateurs de solvabilité qui feraient fuir les déposants. On risquerait de s'apercevoir que les banques européennes sont encore moins bien capitalisées que leurs consœurs anglo-saxonnes. L'enjeu est donc important… Le lobby bancaire lutte pour que la boîte de Pandore reste plombée et bien étanche, les banques européennes se cramponnent au ratio de solvabilité *core tier one*.

Jean-Pierre Chevallier, comme d'autres blogueurs et comme beaucoup d'experts qualifiés, préfère donc employer le ratio de solvabilité de grand-papa : fonds propres/engagements. C'est clair, c'est propre, c'est transparent et tout le monde peut comprendre.

Alors que *core tier one*, Mme Michu, allez donc comprendre… Non, ce n'est pas un cor au pied lancinant qu'on peut soigner avec de la pommade Cochon, c'est simplement des « fonds propres durs » calculés, heu…, comme ça…

K = [LGD *(N [(1- R)$^{-0,5}$ * G(PD) + (R/(1 – R))^{0,5} * G(0,999)] – PD)] * (1/(1 – 1,5 * b(PD))) * (1 + b(PD) * (M -2,5))

Correlation (R):

R = 0, 12 * (1- exp (-50 *PD))/ (1- exp (-50)) + 0, 24 * [1- (1- exp (-50 *PD))/ (1- exp (-50))]

Adjustment b (PD):

b (PD) = (0,11852 -0,05478 * ln (PD))^2

Actifs pondérés:

RWA = K * 12, 5 * EAD

Log correspond au logarithme népérien;

N (x) indique la fonction de répartition pour une variable aléatoire standard normale (c'est-à-dire la probabilité qu'une variable aléatoire normale de moyenne zéro et de variance 1 soit inférieure ou égale à x). **G (z)** représente l'inverse de la fonction de répartition pour une variable aléatoire standard normale (c'est-à-dire la valeur de x telle que N (x) = z).

Ajustement en fonction de la taille dans le cas de petites et moyennes entreprises (PME)

Pour les expositions sur les PME, on ajuste la formule de pondération des risques afin de tenir compte de la taille de l'entreprise (à savoir : 0,04 x (1 - (CA - 5) / 45)), CA étant le chiffre d'affaires total annuel.

Corrélation (R) :

R = 0, 12 * (1- exp (-50 *PD))/ (1- exp (-50)) + 0, 24 *

Source : *Cours de statistique, Tarik Elghoulam.*

Un ratio de solvabilité, plus c'est gros, mieux c'est. 1 % signifie qu'une banque a 1 € de côté pour 100 € de prêts. Si 1 % de ses prêts sont défaillants, elle est techniquement en faillite. 10 % ou 20 %, c'est donc mieux que 1 %. Jean-Pierre Chevallier a eu l'audace d'écrire qu'au 30 juin 2011 le ratio de solvabilité de la Société générale était de 2 % alors que la banque calculait elle-même, grâce à la magie du *core tier one*, 9,3 %.

Si jamais un jour votre banque vous admoneste pour un découvert de 9,57 €, expliquez-lui que votre solvabilité *core tier one* pondérée de vos risques appréciés par votre propre méthode (secrète) fait que votre découvert ne pose aucun problème.

Andrew Haldane, un des directeurs de la Banque des règlements internationaux, a démontré a posteriori que le classement des banques par le niveau de levier (fonds propres rapportés aux actifs) aurait été bien plus efficace pour prédire les faillites survenues lors de la crise du crédit *subprime* que les formules très complexes de ratios de fonds propres pondérés des risques calculés par les banques. Ses papiers sont largement diffusés[39], il s'est exprimé lors de nombreux colloques, notamment à la réunion des banquiers centraux de Jackson Hole du 31 août 2012.

Notre blogueur a cependant été condamné par une instance dépendant du monde financier, saisie par la Société générale[40], pour avoir osé parler de « ratio de solvabilité » à l'ancienne.

Ne pas reconnaître que les modèles utilisés sont dépassés, qu'est-ce d'autre que de l'incompétence ?

39 http://www.bis.org/author/andrew_g_haldane.htm
40 L'Autorité des marchés financiers (AMF).

Qui est vraiment votre conseiller financier ?

Une étude Deloitte conduite en mars 2013 rapporte que seulement 30 % des personnes interrogées pensaient que leur banque avait à cœur l'intérêt du client.

« Un employé de banque sur six ne rechignerait pas à commettre un petit délit d'initié pour empocher 10 M$, un sur quatre a été témoin d'une faute professionnelle, et près d'un sur trois est convaincu que, pour réussir dans le métier, il faut faire abstraction de l'éthique, voire de la loi.

Le meilleur moyen de progresser dans la hiérarchie de Goldman Sachs, c'est de convaincre les clients d'investir dans les produits dont nous essayons de nous débarrasser car ils n'ont pas beaucoup de potentiel de profit. » (Extraits de « Banque, éthique et principe de bonne gestion », *L'Observateur* de l'OCDE, n° 294.)

L'AMF a procédé à des visites mystères[41], un agent se faisant passer pour un client amateur de risque ou au contraire désireux de sécurité. Conclusion de l'AMF : pas de propositions commerciales manifestement inadaptées, même si celles-ci sont parfois guidées par l'offre de produits en cours. En revanche, les placements proposés sont présentés sous leur meilleur jour, les inconvénients et les frais étant partiellement passés sous silence.

41 110 visites dans onze banques différentes.

Témoignage de Charles Sannat[42], chargé d'affaires de la BNP entre 2005 et 2011

Un chargé d'affaires est en réalité un commercial chargé de vendre des produits financiers à la clientèle de détail. Nous avions régulièrement des réunions qui rassemblaient une dizaine de chargés d'affaires, comme moi-même. Un ICEF, ce qui signifie pompeusement ingénieur commercial en épargne financière, venait y prêcher la bonne parole au terrain.

Je précise que cette bonne parole était toujours délivrée oralement, aucun écrit n'était laissé. En février 2007, nous eûmes une de ces réunions à Paris avec une dizaine de personnes appartenant à la même entité. Comprendre plusieurs agences d'un même secteur géographique.

Je fus surpris d'entendre l'ICEF nous demander de pousser en avant des SICAV contenant de l'immobilier américain. Certes, ces SICAV avaient des performances éblouissantes, + 80 % à + 100 % durant les trois années précédentes. Mais, jeune chargé d'affaires, je pouvais déjà lire dans les journaux des signes inquiétants concernant l'immobilier américain. Le 8 février 2007, la banque HSBC avait même émis un sombre avertissement : la remontée des taux aux États-Unis commençait à peser sur les emprunteurs. Surtout les plus vulnérables, ayant

42 Entretien avec l'auteur du 27 novembre 2013.

une mauvaise note de crédit. Le taux de défaut sur ces prêts avait bondi à 35 % et, un mois auparavant, la dette hypothécaire d'un gros fonds américain spécialisé, Washington Mutual, avait encaissé une perte de 122 M$ au quatrième trimestre 2006. Même en France, la hausse de l'immobilier avait de quoi laisser songeur. Dans ces conditions, n'était-il pas un peu trop tard pour pousser en avant ces SICAV auprès de ma clientèle ?

Ayant eu la naïveté de poser ma question presque en ces termes, l'ICEF intervenant m'a vite remis à ma place : « Vous n'êtes qu'un petit chargé d'affaires et vous n'êtes pas là pour réfléchir. » Puis, comme j'avais la maladresse d'insister : « Qui êtes-vous pour penser ? »

Mon ICEF n'était pas spécialement cassant. Je vous rappelle la phrase de Jean-Laurent Bonnafé en plein comité exécutif de Fortis après la fusion avec BNP : « Réfléchir, c'est déjà commencer à désobéir. » Mon ICEF ne faisait qu'appliquer des principes dont les plus hauts cadres de la BNP étaient les dépositaires.

Pour un chargé d'affaires, la contestation, le libre arbitre n'est pas un choix. Soit vous adhérez aux objectifs de votre hiérarchie, soit vous partez. C'est ainsi qu'on peut être amené à vendre des produits qui ne sont pas adaptés à sa clientèle ou à contre-courant d'une tendance que l'on voit poindre, tout ceci en faisant semblant de respecter la législation sur la qualité du conseil. Entre pointer au chômage ou délivrer un conseil dont il n'est pas certain qu'il puisse nuire à votre client (car après tout, la banque a suffisamment d'analystes et de stratégistes pour appuyer ses recherches), il est humain de choisir la deuxième voie.

En août 2007, deux fonds de BNP Paribas furent temporairement suspendus de la cote. La cotation reprit ensuite et la perte de valeur fut assez faible. Il n'en fut pas de même pour Oddo à la même époque, qui fut ensuite soupçonné par l'Autorité des marchés financiers d'avoir cependant prévenu ses « meilleurs clients », seuls les moins bons supportant les pertes. Pour nous, à la BNP, la casse fut donc limitée.

Mais se pose toujours la question de la qualité de l'indépendance du « conseil »... En novembre 2010, peu avant mon départ, la directrice de la déontologie de BNP Paribas Épargne et Retraite Entreprises s'est suicidée à son domicile. Bien sûr, un suicide peut avoir de multiples raisons.

Dans la banque, vous avez toujours le choix : soit prendre vos pertes et perdre vos clients. Soit parier que le marché se reprenne, que vous puissiez sortir avec une casse limitée et la faire porter autant que possible par les clients. Ce n'est pas de l'incompétence. Quant à l'irresponsabilité, « pas vu, pas pris ».

Ne croyez pas que personne ne se rebiffe face à cette dérive. De plus en plus de clients – particuliers aisés, entreprises, collectivités territoriales – traînent leurs banques en justice et obtiennent gain de cause.

La multiplication des litiges

La plupart des clients reprochent à leur banque de les avoir poussés dans des montages complexes à base de produits dérivés qui le plus généralement s'appuient sur des écarts de taux d'emprunt ou de change.

Ainsi un propriétaire immobilier frontalier s'est vu proposer par l'UBS un habile montage avec un prêt en francs suisses à un taux d'emprunt inférieur à celui qu'il aurait obtenu en euros. Le prêt était gagé par deux contrats d'assurance-vie en euros. Seul inconvénient, le prêt redevenait exigible si la valeur de rachat des contrats d'assurance-vie descendait en dessous de la somme prêtée, ce qui bien sûr arriva… Une société cotée, commerçant essentiellement en dollars, a attaqué la Deutsche Bank et la Royal Bank of Scotland pour avoir perdu 30 M€ dans un montage complexe lié aux effets de change. La Société générale a été condamnée à indemniser la société minière calédonienne SMGM qui souhaitait se protéger contre un risque de baisse des cours du nickel. En Allemagne, c'est le papetier Ille Papier Service qui attaque la Deutsche Bank. Selon *Les Échos*[43], Deutsche Bank a déjà passé 630 M€ pour risques juridiques au deuxième semestre 2013 ; la Société générale affiche une perte de 109 M€ au premier semestre et a provisionné 200 M€ pour d'autres litiges.

43 17 octobre 2013.

À l'origine de la plupart des cas, des produits dérivés[44] mais aussi des conflits d'intérêts entre la banque et son client. Dexia et ses prêts aux municipalités donne aussi de multiples exemples de cette dérive financière.

D'autres clients reprochent le simple défaut de conseil, comme ce particulier à qui son conseiller de la Banque populaire avait fait souscrire 600 actions Natixis entre 2006 et 2007 pour un montant total de 10 290 €. En 2010, ce client les revend avec une moins-value de 8 292 €. La cour d'appel de Grenoble a condamné la Banque populaire des Alpes à indemniser son client de 5 800 € pour défaut de conseil. Le client n'avait pas été averti des risques et Natixis était une filiale en perdition de la BPCE[45].

Même dans les affaires les plus simples, il semblerait que l'incompétence et l'impunité règnent, comme en témoigne le calcul des intérêts sur les prêts. Les intérêts composés sont le b-a ba de l'activité de la banque. Pourtant les banques se sont trompées en calculant le TEG ou le TAEG. Le taux effectif global ou le taux actuariel effectif global permettent d'afficher le coût total d'un prêt – immobilier dans le cas du TEG et à la consommation dans le cas du TAEG – et donc de comparer les offres. Fin 2013, Les Expertiseurs du crédit, une société indépendante, repéraient que 50 % des crédits immobiliers comportaient un vice de forme. Pour l'Asso-

44 CDS (*credit default swap*), options, CDO (*collateralized debt obligations*).
45 *L'Agefi*, 24 décembre 2013.

ciation française des usagers des banques (AFUB), 70 % des prêts sont entachés d'erreurs de calcul. Si l'erreur est supérieure à un dixième de point, soit 0,1 %, la loi dit qu'en cas de faute reconnue de la banque, c'est le taux d'intérêt légal en vigueur au moment du prêt (0,04 % en 2013) qui s'applique alors. Bref, une erreur de la banque qui peut faire que votre crédit immobilier ne vous coûte presque plus rien... Plus fort encore, Dexia omettait purement et simplement cette mention de TEG dans ses contrats de prêts aux collectivités locales.

Si par malheur les emprunteurs se bousculent au portillon de la justice, c'est pratiquement 50 % à 70 % des prêts qui seront révisés et accordés gratuitement. En principe, il est très rare que les emprunteurs reviennent contester en engageant des frais de procédure devant les tribunaux. Il faut qu'ils soient déjà pris à la gorge. Mais le réseau va jouer à fond pour désamorcer tout litige avec les emprunteurs avisés. Une loi, rapidement ficelée et votée le 19 décembre 2013, va permettre de se couvrir de certaines erreurs passées[46] :

> II. – Sous réserve des décisions de justice passées en force de chose jugée, sont validés les contrats de prêt et les avenants à ces contrats conclus antérieurement à la publication de la présente loi entre un établissement de crédit et une personne morale, en tant que

46 http://www.legavox.fr/blog/scp-gobert-associes/protection-banques-projet-finances-pour-13177.htm#.UrMKF42JKHk

la validité de la stipulation d'intérêts serait contestée par le moyen tiré du défaut de mention du taux effectif global prescrite par l'article L. 313-2 du code de la consommation, dès lors que ces contrats et avenants indiquent de façon conjointe :

1° le montant ou le mode de détermination des échéances de remboursement du prêt en principal et intérêts ;

2° la périodicité de ces échéances ;

3° le nombre de ces échéances ou la durée du prêt.

III. – 1° Après l'article L. 313-2 du code de la consommation, il est inséré un article L. 313-2-1 ainsi rédigé :

« Art. L. 313-2-1. – Lorsqu'un contrat de prêt conclu entre un établissement de crédit et une personne morale mentionne un taux effectif global inférieur au taux effectif global déterminé comme il est dit à l'article L. 313-1, l'intérêt conventionnel reste dû par l'emprunteur, mais celui-ci a droit au versement par le prêteur de la différence entre ces deux taux appliquée au capital restant dû à chaque échéance. »

« Personne morale » signifie des entreprises, donc des SCI (sociétés civiles immobilières) ou bien des collectivités locales et certains établissements publics.

Les codes devenant complexes et le législateur aimant les phrases à rallonge, une traduction ne fera pas de mal. Un contrat de prêt est donc valable si y figurent le montant, le principal, les intérêts, la périodicité des échéances et leur nombre OU la durée. Au moins, comme ça, les banquiers sont sûrs de ne pas se tromper car avec le nombre ET la durée, on pourrait toujours faire une erreur, n'est-ce pas ? Jusque-là, tout va bien, qui se plaindrait d'un petit choc de simplicité ? Mais il y a plus fort, les banques ont essayé une entourloupe, elles voulaient rester impunies, même après avoir violé le code de la consommation. Pour cela, le lobby avait concocté un article 60 rétroactif dans le projet de loi de finance pour 2014 qui prévoyait que le petit choc de simplicité s'appliquerait rétroactivement et que tous les prêts déjà signés étaient valables. Mais finalement, le 31 décembre 2013, le Conseil constitutionnel a retoqué ce point.

En tout état de cause, il est prévu d'indemniser les victimes de ce vol légal avec un fonds de lutte contre les « risques bancaires systémiques », fonds évidemment alimenté par les victimes des banques et les contribuables. L'État protège les victimes en les taxant et assure l'impunité des coupables[47].

47 http://www.village-justice.com/articles/protection-banques-projet-finances,15730.html#eIaARWzWyGQLIKso.99

Du Crédit lyonnais à Dexia, les dérives sans limite de l'élite

Le Crédit Lyonnais : une interminable indigestion avec une ardoise de plus de 15 Mds€

Début novembre 2013, on reparlait du naufrage du Crédit lyonnais pour vous annoncer que l'État empruntait 4,5 Mds€ pour purger cette affaire qui date de 1995. L'État, c'est évidemment vous, contribuable. La faillite d'une banque, c'est comme un accident atomique : dix-huit ans après, il y a toujours des radiations.

Le Crédit lyonnais est un cas d'école. La banque fut nationalisée en 1982 (sous le gouvernement Mauroy) et confiée en 1988 à un énarque aux longues dents – Jean-Yves Haberer – qui se lance dans du développement tous azimuts en Belgique, en Italie, en Espagne et même en Allemagne. Le Crédit lyonnais se veut un investisseur industriel, pilier de l'économie réelle : ses participations dans ce domaine passent de 2,3 Mds€ en 1988 à 10,7 Mds€ en 1993[48]. La banque boulimique devient ainsi un actionnaire important de Bouygues, la Fnac, LVMH, Matra-Hachette, et même de la Metro Goldwin Mayer[49]. À côté de cela, le Crédit lyonnais possède un gros portefeuille immobilier de 21,1 Mds€. La pierre, c'est du solide !

En 1992, le vent tourne, l'Allemagne qui se réunifie

48 *Le Figaro*, 11 novembre 2013.
49 http://lexpansion.lexpress.fr/economie/credit-lyonnais-la-chasse-aux-fonds-propres_1284.html#kZorzqFKzi4flW1Q.99

a besoin d'argent, les taux montent donc sur les marchés et la conjoncture économique se dégrade. Premières pertes de 380 M€ pour le Lyonnais. Au 31 décembre 1992, la banque du boulevard des Italiens était en manque de fonds propres.

Le trou se creuse ensuite très vite avec des pertes en 1993 de 1,4 Md€. Exit l'énarque Haberer et entrée en scène fin 1993 d'un polytechnicien, Jean Peyrelevade, qui présidera à la dissolution en eau trouble. En 1995, deux « structures de défaisance » ou *bad banks* sont créées ; ce sont des sociétés qui récupèrent les créances douteuses pour les revendre au fil de l'eau. La première porte le nom d'Omnium immobilier de gestion (OIG) et reprend les actifs réputés sains ; la deuxième, le Consortium de réalisation (CDR) reprend pour 28,3 Mds€ de créances douteuses. Le CDR sera ensuite cédé à une troisième structure, l'Établissement public de refinancement et de restructuration (EPFR). Pour rendre les choses encore plus opaques dans ce montage de poupées russes, l'EPFR a emprunté 19,8 Mds€ (130 MdsF) au Lyonnais ; l'EPFR n'est donc riche que d'une dette contractée auprès du Crédit lyonnais ! Le CDR est vite accusé de brader les actifs douteux les moins rentables qu'elle a rachetés. En 1996, un incendie ravage le siège du Crédit lyonnais alors que l'État engage des poursuites contre Haberer. Au début des années 2000, Jean Peyrelevade est mis en cause dans l'affaire Executive Life, une compagnie d'assurance-vie californienne rachetée illégalement au début des années 1990 via une société implantée dans les îles

Caïmans, un paradis fiscal. Montant de l'ardoise pour le CDR : 600 M€.

En 2002, le Crédit lyonnais, acquis par BNP Paribas, échoue finalement dans le giron du Crédit agricole après une offre publique d'achat. Le Lyonnais est rebaptisé LCL et se veut désormais une « banque de proximité à réseau national ». Dernière vaguelette du naufrage, le dossier Adidas et l'arbitrage qui a accordé 403 M€ à Bernard Tapie qui s'estime floué dans cette affaire. On ne met pas deux crocodiles dans le même marigot, dit très justement le proverbe.

Coût pour nous, contribuables : 15 Mds€ selon les estimations de fin 2013, soit 761 € pour chacun des 19,7 millions de contribuables soumis à l'impôt sur le revenu. Aucun déposant n'a cependant perdu de plume.

Ce que nous apprend le Crédit lyonnais

Lorsque les taux montent, la situation se retourne très vite.

Une fois que le vent a tourné pour une banque, c'est la spirale infernale. Vend-elle ses actifs ? Elle les brade. Met-on les actifs dans une *bad bank* ? La digestion semble alors interminable et le contribuable sollicité en permanence.

Dexia : une intoxication régionale

Dexia est née de l'alliance du Crédit communal

de Belgique et du Crédit local de France. Communal, local... Dexia se voulait effectivement la banque des collectivités locales. Le 21 décembre 2012, elle exige un gros cadeau de Noël : 5,5 Mds€ et le contribuable va évidemment le lui donner car, sinon, c'est la catastrophe.

« Un défaut du groupe Dexia rendrait exigible, par l'effet de clauses de défaut croisé et d'accélération figurant dans les conditions des emprunts conclus par certaines entités du groupe, principalement par DCL, la totalité de sa dette, soit environ 386,5 Mds€ au 30 septembre 2012, et les montants dus au titre de contrats de dérivés, soit un montant notionnel d'environ 605 Mds€ au 30 septembre 2012. [...]

Un tel défaut menacerait la stabilité de l'ensemble du système financier européen. En effet, un défaut du groupe Dexia entraînerait un gel des actifs sur le court terme et affecterait la liquidité des marchés, avec un risque important de contagion de la zone euro [...].

Un défaut du groupe Dexia déstabiliserait également les marchés de la dette souveraine, en ce compris ceux de la zone euro. En effet, les entités du groupe Dexia détenaient un portefeuille d'obligations souveraines de 20,049 Mds€ au 30 septembre 2012. La liquidation de ce portefeuille déstabiliserait les marchés secondaires, notamment ceux de plusieurs États de la zone euro (plus de 70 % de ce portefeuille d'obligations souveraines étant lié à des États de la zone euro). Cela aurait des conséquences en chaîne considérables sur les marchés financiers. »[50]

Vous avez sous les yeux un parfait exemple de la relation incestueuse banque/État : « Cher État, je t'ai pris de tes obligations souveraines. S'il faut les brader parce que je suis en faillite ça va chauffer, donc il faut que tu fasses payer tes contribuables pour me sauver », pleurniche la banque.

Du côté de Dexia, rien n'est réglé. Il faut se débarrasser de 238 Mds€ de prêts pourris… sur lesquels personne ne semble vouloir vraiment se jeter. Un « plan de résolution » est en cours, cette expression désignant une gestion en douceur de la liquidation après faillite. Très en douceur puisqu'en 2020 il resterait 150 Mds€. En effet, beaucoup de prêts aux collectivités locales sont à durée longue : 30 ou 40 ans. Si la revue de qualité des actifs montre qu'il faudrait encore remettre au pot, voilà qui fera mal aux finances de l'État (et aux poches des contribuables). Comme dans le cas du Crédit lyonnais, on trouve un montage complexe avec la Société de financement local (SFIL) détenue à 75 % par l'État, 20 % par la Caisse des dépôts et consignations (CDC) et 5 % par la Banque postale qui a hérité de 9 Mds€ de prêts toxiques. La SFIL emprunte sur les marchés via sa filiale, la Caisse française de financement local (Caffil).

Comble de malheur, les litiges se multiplient sur ces prêts bizarres accordés aux collectivités avec des taux variables indexés sur l'évolution inverse des cours

50 Convocation à l'AGE de Dexia du 21 décembre 2012, paragraphe 5.1.2.

du chocolat pondérés du *spread* entre le franc suisse et la roupie indonésienne (je blague !). Au mois de juin 2013, 200 communes, mairies, hôpitaux, départements, ont assigné Dexia. Beaucoup d'élus ont invoqué le fait qu'ils n'avaient pas été suffisamment avertis des risques pesant sur ces prêts dits structurés et qu'ils n'étaient pas des investisseurs avertis. En plus, les prêts souffrent du fameux vice de forme : non-mention du TEG. La loi votée le 19 décembre 2013 aurait dû fort opportunément amnistier tout ça, mais le Conseil constitutionnel a joué les trouble-fête.

Comment en est-on arrivé là ? Comme le Crédit lyonnais, Dexia est créée et dirigée par un représentant de l'élite, Pierre Richard, issu de l'École polytechnique et des Ponts et Chaussées. Il est secrétaire d'État au Logement de 1972 à 1974 puis, de 1983 à juin 1993, il est directeur général adjoint de la Caisse des dépôts et consignations (CDC), responsable du département des prêts aux collectivités locales. Lorsqu'il prend en main la destinée de Dexia, Pierre Richard découvre la martingale de la baisse des taux : prêter à long terme et se refinancer à court terme avec des intérêts qui diminuent. Comme le Crédit lyonnais, Dexia devient boulimique et se constitue un gigantesque portefeuille.

Ce que nous apprend Dexia

En cas de crise, le modèle qui consiste à prêter de l'argent emprunté devient très vite un piège mortel. Les montages de Dexia, les « prêts structurés », font appel à des produits dérivés.

S'il faut protéger les intérêts d'une banque, même en liquidation, le législateur s'adapte très vite et n'hésite pas à promulguer des lois rétroactives. La porosité du corps des énarques est telle qu'on sait se serrer les coudes en cas d'urgence entre énarque banquier du privé, énarque banquier du public, énarque grand argentier et énarque élu.

Ni irresponsabilité, ni incompétence, mais manipulation ?

Témoignage de Jean-Pierre Chevallier[51], ancien professeur d'économie, blogueur condamné par l'Autorité des marchés financiers à 10 000 € d'amende pour divulgations de « fausses informations »[52]

Pourquoi les autorités de tutelle laissent-elles les banques communiquer autour des ratios « pondérés des risques » ?

La collusion est totale entre banques et autorités de tutelle. Voyez le nombre de fonctionnaires du Trésor ou du ministère des Finances qui se retrouvent ensuite dans le privé. D'anciens banquiers se retrouvent au Trésor. François Pérol, ancien de Rothschild & Cie devient secrétaire général adjoint de la présidence Sarkozy, orga-

51 Entretien avec l'auteur du 10 décembre 2013.
52 http://www.challenges.fr/finance-et-marche/20131114.CHA7092/l-amf-inflige-des-amendes-a-deux-blogueurs-pour-diffusion-d-informations-fausses.html

nise la fusion Caisse d'épargne/Banque populaire, puis prend la direction de la BPCE. Il s'agit d'une technique délibérée des dirigeants des banques de placer leurs experts aux bons endroits, même parmi les magistrats. Il existe des exceptions remarquables, comme Axel Weber, ancien président de la Buba, la Banque centrale allemande, qui a refusé le poste de directeur de la Banque centrale européenne car il aurait été conduit à faire ce qu'il ne voulait pas faire. Les banquiers savent très bien qu'ils devraient augmenter considérablement leurs fonds propres, mais dans ce cas leur rentabilité plongerait… Maintenir le mode de calcul actuel leur permet de maintenir la rentabilité.

Un ratio de levier de 10 % (10 de fonds propres pour 100 de prêts) vous paraît un standard correct, mais finalement, ne doit-il pas être adapté à la conjoncture économique et aux circonstances ?

Il s'agit d'un ordre de grandeur et d'un ratio empirique. Aux États-Unis, il était réglementairement de 8,5 % jusqu'à la fin des années 1980. C'est Greenspan, le président de la Fed, qui l'a poussé à 10 %. Il ne faut pas de règle compliquée, des chiffres ronds, simples, quelque chose que tout le monde peut comprendre. Sur chaque vitrine d'agence, il devrait être affiché : cette banque possède X de capitaux propres, Y de dettes et son ratio de levier est de Z %. Les gens choisiraient leur banque en toute connaissance de cause.

Récemment, de nombreux scandales ont donné lieu à des amendes mais on a l'impression que, du côté des banques, ceux qui commercialisaient ces produits (produits de couverture, emprunts indexés sur des écarts de change) auprès des clients finaux n'étaient pas toujours eux-mêmes compétents. Partagez-vous cette analyse ?

Il n'y a que leurs concepteurs qui comprennent les produits dérivés. Ils les conçoivent pour que la banque gagne et ils fixent les règles du jeu. Les gens qui commercialisent ces produits sont incompétents et ne connaissent pas les mécanismes de ce qu'ils vendent. Ceci dit, il faut quand même être conscient qu'une banque gagne de l'argent sur le dos de ses clients.

Des études montrent également que les *goodwill* sont bien souvent illusoires et que les fusions-acquisitions ne créent pas toujours de la valeur, loin s'en faut. N'est-ce pas de l'incompétence que de retarder l'élimination de ces survaleurs ?

Certaines fusions-acquisitions fonctionnent. On peut par exemple citer le secteur de la pharmacie ou Danone. Mais surtout les goodwill *devraient être amortis sur une durée courte et ne pas figurer dans les fonds propres.*

D'une façon générale, on ne peut pas dire que les banquiers soient incompétents. Ce sont simplement des manipulateurs qui exploitent leurs ficelles.

L'irresponsabilité des banques provient-elle du laxisme réglementaire – qui laisse exister le trop gros pour faire faillite – ou du capitalisme de connivence qui conduit les politiques à sauver les banques qui leur prêtent ou casent leurs emprunts ?

Vous remarquerez que les banques sont condamnées, mais pas leurs dirigeants personnellement. Ce sont eux qui font les réglementations et mettent à profit l'asymétrie d'information. Ils ont des informations que le public ne possède pas. Par exemple, le marché interbancaire est toujours gelé, ce qui prouve que les banques savent des choses déplaisantes sur les autres banques. Les victimes sont les contribuables laissés dans l'ignorance.

Avec un gros ratio de levier, la taille d'une banque se limite naturellement. Regardez les petites banques régionales françaises (Martin Maurel, Pouyanne, Inchauspé), elles ont beaucoup de fonds propres. Pas besoin de loi de séparation bancaire. Il faut laisser le marché libre en imposant des règles simples que tout le monde peut comprendre.

Irresponsabilité, incompétence, manipulation ? Sans doute, mais aussi crédulité de la part du public qui refuse de s'intéresser à l'argent, ou plutôt à la monnaie. Car si nous en sommes arrivés là – être prisonniers des banques – c'est parce que nous avons laissé aux financiers et aux politiques le monopole de la monnaie et que celle-ci est utilisée non pas seulement comme instrument de l'économie marchande mais comme moyen de contrôle.

4

Pourquoi politiques et financiers ont-ils besoin du contrôle de la monnaie ?

Historiquement, les gens ont compris l'intérêt d'une monnaie à valeur intrinsèque quand ils y ont été contraints, quand les monnaies alternatives ont été rendues impropres par la dévalorisation persistante.
Dylan Grice, *Edelweiss Journal*, 31 juillet 2013

Où le lecteur apprendra qu'au commencement de l'humanité était la dette, puis furent introduites les monnaies marchandes d'or et d'argent. Les États ont ensuite récupéré cette innovation à leur profit et ont supprimé la concurrence de la monnaie privée. À la fin du XXe siècle, lorsque le dollar a cessé d'être convertible en or, la monnaie-dette s'est généralisée et la création monétaire a été déléguée aux banques. La croissance de la masse monétaire (et donc des dettes) a été confondue avec la croissance économique. La première profite exclusivement à la sphère financière et aux gouvernements dispendieux. Sous prétexte d'organiser de futurs sauvetages bancaires, les autorités organisent en réalité la confiscation des dépôts bancaires dans une ultime tentative de sauver ce système dévoyé.

Au commencement était la dette. L'argent et la monnaie sont des inventions récentes au regard de l'histoire de l'humanité. La dette était l'organisation naturelle des sociétés primitives, le troc tel qu'il est présenté dans les livres d'économie n'a jamais vraiment existé car il pose des problèmes insolubles. C'est pour cette raison qu'on ne trouve pas de traces archéologiques de troc, mais qu'on retrouve des traces de dettes[53].

Imaginez l'affaire suivante. Gérard Cromagnon est chasseur de bisons et il a besoin de silex taillés pour sa lance. Germaine Sapiens est une vieille tailleuse de silex expérimentée. Gérard ne va pas échanger un bison entier contre une montagne de silex. Gérard va échanger un contrat de fourniture de bison ou de produits dérivés de bison (cuir, os) contre les quelques silex dont il a besoin. Aujourd'hui, nous dirions que Germaine détient un contrat à terme sur le bison et que Gérard chasse le bison à crédit. Entre Gérard Cromagnon et Germaine Sapiens, il y a donc bien un marché, un pacte qui représente une dette et une incertitude. Si le prochain bison a la peau de Gérard, Germaine n'aura rien à manger.

Dans les petites communautés, l'échange était peu codifié. Des témoins proches suffisaient. « Tout le monde » a vu que Gérard se fournissait en silex chez Germaine et qu'en échange il lui devait « quelque chose ». Les communautés humaines se sont ensuite agrandies. Quelques proches témoins oculaires ne suf-

53 David Graeber, *Dette : 5 000 ans d'histoire*, Les Liens qui libèrent, 2013.

fisaient plus à garantir les dettes. Une sorte de registre était tenu par le chef, le sorcier ou le prêtre. À Sumer, 2 500 ans avant Jésus-Christ, le pouvoir religieux tenait les comptes.

La monnaie fut une innovation magistrale dans cette organisation car elle permit la décentralisation des transactions. La monnaie est en pratique une dette « titrisée », devenue anonyme. Que signifie l'argent que vous avez dans votre poche ou le solde créditeur de votre compte en banque ? Cela veut dire que vous avez fourni à une ou plusieurs personnes, quelque part dans la société, des services ou des biens à hauteur d'une telle somme d'argent. Vous avez donc une créance – des bons d'achat – valable n'importe quand et n'importe où dans cette même société. L'autorité qui tient le registre émet les bons d'achat et les signe. Aujourd'hui, sur les billets ou les pièces que vous détenez, pas de signature de grand prêtre, simplement le sceau d'un État ou d'une banque centrale. Pour votre solde de compte en banque, c'est la signature de la banque qui valide votre créance. Dans ce sens, notre monnaie est de la dette. Simplement et seulement de la dette.

La monnaie fut une immense amélioration dans la vie des gens car elle simplifie et favorise les échanges. Mais la monnaie-dette présente un vice : elle est facilement manipulable. Le cachet d'une autorité – qu'elle soit religieuse ou politique – vaut ce qu'il vaut et, en réalité, si l'autorité est corrompue, le cachet ne vaut pas grand-chose. Puis, si le détenteur de son bon d'achat se déplace, il peut arriver dans un endroit où le cachet de l'autorité n'est plus connu ou accepté car un autre monopole est en vigueur.

Les monnaies d'or et d'argent : une avancée technique par rapport à la monnaie-dette

C'est ainsi que – raffinement supplémentaire – la monnaie-marchandise s'est imposée face à la monnaie-dette. Contrairement à ce que beaucoup imaginent, la monnaie-marchandise fut non pas une régression mais une immense amélioration de la vie des humains. Dans ce système, la monnaie est adossée à quelque chose : or, argent ou métaux moins nobles. L'or et l'argent se sont imposés, car ils sont rares et leur extraction demande du travail. Ils sont inoxydables pour l'or ou à oxydation limitée pour l'argent. Ils se reconnaissent relativement facilement. Dernière qualité, et non des moindres : ils sont inutiles ! En effet, si une monnaie-marchandise est utile, son stockage et la spéculation entravent l'économie. Imaginez une monnaie qui serait adossée à du blé ou du pétrole…

Les marchands de la Méditerranée privilégiaient donc l'or et l'argent et de multiples monnaies privées coexistaient. Certaines portaient des signatures de puissants marchands et d'autres de pirates. Si « monnaie » et « argent » sont synonymes, ce n'est pas pour rien. Mais dès le VIIe siècle avant Jésus-Christ, l'État est revenu à la charge et a porté un coup fatal aux monnaies-marchandises qui existaient en libre concurrence. La Lydie (l'actuelle Grèce) était très riche d'or et d'argent que la rivière Pactole charriait en quantité abondante. Le roi de Lydie, le père de Crésus, eut une idée de génie : frapper de son sceau les monnaies, ce qui les certifiait et évitait aux marchands des pesées ou des essais. Un bureau Veritas était né et la monnaie lydienne connut son heure de gloire. Évidemment, pour ce « service », le Trésor de Lydie empochait une juteuse commission. Puis, et c'est une constante de l'Histoire, la Lydie commença à trafiquer sa monnaie estampillée qui contenait de moins en moins d'or et de plus en plus d'argent. La confiance disparut et les marchands se tournèrent vers une autre monnaie.

La monnaie à cours légal ou comment supprimer la concurrence

L'Histoire se retrouva jalonnée de tripatouillages monétaires, avec toujours l'obsession de la part du pouvoir en place de contrôler la monnaie. Qui dit contrôle de la monnaie dit faculté de la multiplier à volonté en cas de mauvaise passe financière. Avec les monnaies métalliques d'or et d'argent, le pouvoir rognait – c'est-à-dire qu'il trichait sur la taille de la pièce – ou utilisait un métal dont la pureté était de moins en moins bonne. Avec les monnaies papier ou électronique, il suffit d'imprimer ou d'autoriser les banques à multiplier le crédit. Hélas, le bon peuple renifla assez vite l'arnaque. « La mauvaise monnaie chasse la bonne » est une expression de Nicole Oresme[54], qui exprime l'idée que, lorsqu'une monnaie est meilleure qu'une autre, elle est thésaurisée, et seule la moins bonne circule. En effet, les gens préfèrent utiliser la mauvaise monnaie – celle qui est rognée (ou créée en quantité injustifiée) qui ne conserve pas sa valeur – et thésauriser la bonne, dont ils savent qu'elle saura mieux garantir leur pouvoir d'achat. Pour éviter cet inconvénient, les gouvernements utilisèrent un ultime raffinement : la monnaie à cours légal. Dans un territoire donné, vous devez faire vos transactions avec ce type de monnaie qui est déclarée « à cours légal » par l'État qui règne sur ce territoire. Ceci permet aux banques de facturer des frais de change, mais, surtout, la concurrence est ainsi rapidement éliminée. Encore plus fort, on parle parfois de monnaie à « cours forcé », comme par exemple lorsque le gouvernement provisoire issu de la révolution de 1848 contraignit les Français à accepter des billets de banque en lieu et place des francs-or. Le cours forcé signifie que toute concurrence avec une autre monnaie est réprimée.

Il est important pour les États de contrôler la monnaie, pas seulement pour faire rentrer plus facilement les impôts, mais aussi pour pouvoir en créer à volonté en cas de nécessité. Par le passé, ces besoins étaient essentiellement le financement des guerres, puis, avec l'avènement des démocraties, le financement de pro-

54 Auteur du *Traité des monnaies* (De origine, natura, jure et mutationibus monetarum),1366. Expression datant de 1371 et souvent attribuée à tort à Thomas Gresham (1519-1579).

messes électorales inconsidérées. Dette, monnaie ou argent, banques, États : la relation entre ces quatre éléments régit le monde qui nous entoure.

Aujourd'hui, nous vivons dans un système dans lequel :

- la monnaie est de la dette et n'est plus adossée à quelque chose d'autre qu'une promesse de payer ;
- les États ont délégué leur pouvoir de création monétaire aux banques ;
- le public est convaincu que l'accumulation de dettes est synonyme d'accumulation de richesses.

La généralisation de la monnaie-dette

Après la Seconde Guerre mondiale, le dollar s'imposa comme monnaie de réserve mondiale. Les États-Unis étaient la première puissance, un pays gros exportateur et gros importateur. Le dollar était adossé à une importante réserve d'or et la promesse des accords de Bretton Woods fut très simple : n'importe quelle puissance étrangère pourra échanger ses dollars contre de l'or, à la parité d'une once pour 35 $, au guichet de la Banque centrale des États-Unis. Le dollar était *as good as gold*, (aussi bon que l'or). Le rapport entre le stock d'or américain et le montant total de dollars en circulation dans le monde devait rester fixe. Les banques centrales des pays exportateurs commencèrent donc à stocker des dollars.

Mais les États-Unis imprimèrent un nombre considérable de dollars pour financer les guerres de Corée et du Vietnam. En 1971, le 15 août, tout a basculé. Ne voulant pas voir revenir les dollars en boomerang et leur réserve d'or se volatiliser, les Américains décidèrent unilatéralement que le dollar n'était plus convertible en or. La fermeture du guichet de l'or, d'abord déclarée provisoire, devint définitive. Il s'agissait en réalité d'un défaut des États-Unis. Depuis cette date, la monnaie est purement fiduciaire. Les banques centrales ne stockent plus des dollars, mais des obligations du Trésor américain, plutôt que de l'or. En effet, pour les pays exportateurs, mieux valait prendre de la dette américaine qui rapportait plutôt que de s'acheter des réserves d'or qui n'auraient rien rapporté.

Depuis cette date, la monnaie-dette règne. Les pays développés importent des biens et services en provenance des pays dits émergents. C'est ainsi que vous achetez du *made in China* ou *made in India* dans votre supermarché. En contrepartie, les pays développés exportent de la dette libellée dans leur monnaie à laquelle souscrivent leurs fournisseurs. Les réserves de change des banquiers centraux ne sont pas des liasses de billets. Ce sont bien des titres de dettes libellés en dollars et en euros. Ces obligations souveraines représentent du pétrole, des matières premières, des biens et des services déjà consommés.

Le monde s'est ainsi divisé en pays chroniquement exportateurs – qui détiennent des « réserves de change » en dollars et en euros – et en pays chroniquement importateurs qui émettent de la dette. Ce système ne tient que par un seul ciment : celui de la confiance. Les pays exportateurs sont confiants que la dette de leurs riches clients sera un jour remboursée.

La monnaie-dette sert à régler les échanges entre pays, mais elle est aussi en vigueur dans chaque zone monétaire. Les États ont donné le pouvoir de la création monétaire aux banques commerciales, lesquelles prêtent en totalité l'argent qu'on leur a confié. C'est ainsi qu'on dit : « Les dépôts font les crédits. » Mais elles prêtent aussi de l'argent qu'elles n'ont pas en dépôt, d'où cette mystérieuse phrase d'alchimiste : « Les crédits font les dépôts. » Cet argent est bien créé « à partir de rien », il ne correspond à aucune épargne.

La délégation de la création monétaire aux banques

Supposons que votre voisin Tartampion obtienne un prêt à la consommation de 10 000 € de sa banque. Sa banque a un titre de créance de 10 000 € sur Tartampion, qui va acheter une voiture. Le compte de Tartampion est crédité, l'argent va aller chez l'agent automobile, qui va payer une prime à son vendeur, qui va offrir une console de jeux à ses enfants, etc. De l'argent a bien été créé. Il s'agit de monnaie-dette. Au fur et à mesure que Tartampion va rembourser, de l'argent est retiré de la circulation puisque Tartampion, du fait de l'existence de son prêt, ne peut plus consommer l'intégralité de ses revenus. Si Tartampion rembourse, la création monétaire est limitée. Il y a eu création d'un côté – le prêt – et destruction de l'autre – le remboursement. Ce calcul est imparable.

La création monétaire est limitée réglementairement par le montant des réserves obligatoires de la banque commerciale auprès de sa Banque centrale, ainsi que par les fonds propres (l'argent qui appartient vraiment à la banque). Plus les fonds propres sont importants, plus une banque peut prêter, et donc créer de la monnaie. Si le prêt n'est pas remboursé, la banque déduit ses pertes de ses fonds propres, et perd donc de sa capacité de création monétaire.

Plus une banque gagne d'argent plus elle peut en prêter… et pour gagner de l'argent, il faut qu'elle prête. Voici les germes de la croissance phénoménale du crédit. Mais il n'y a pas que les particuliers qui profitent de ce système. Si les démocraties des pays riches ont basculé dans le surendettement, c'est en raison de cette facilité à pouvoir emprunter à des banques auxquelles on a permis de créer de la monnaie.

Permettez-moi ici de tordre le cou à une idée reçue, propagée par la désinformation : certains égarés sont nostalgiques de la belle époque (avant 1973) durant laquelle la Banque de France émettait de la monnaie selon les besoins de l'État. La dette présentée à la Banque de France était détruite et transformée en monnaie en circulation. Il ne s'agissait ni plus ni moins que d'une conception « zimbabwéenne » de la monnaie qui a valu bien des égarements au franc. Souvenez-vous des dévaluations en chaîne commencées durant la Première Guerre mondiale, des quatre dévaluations de la IVe République, des deux dévaluations gaulliennes, du passage de l'ancien franc au nouveau franc en 1958, suivi d'une nouvelle dévaluation, puis des trois dévaluations mitterrandiennes. Quelques esprits égarés regrettent le temps où la France, au lieu d'emprunter, imprimait sa monnaie… La croissance née de la reconstruction de l'après-guerre et des Trente Glorieuses a réussi à camoufler ces égarements monétaires, mais ce ne serait plus le cas aujourd'hui avec un chômage de masse.

L'inflation et la déflation sont des phénomènes purement monétaires

Supposez une île avec 10 habitants. Nous l'appellerons Tourtos. La monnaie de l'île est le globulos. Il y a 100 globulos en circulation. Les îliens vaquent à leurs occupations. Certains pêchent, d'autre ravaudent les filets, d'autres chassent ou cultivent, d'autres encore racontent de belles histoires. S'il y a pénurie de poisson, il est probable que le prix du poisson exprimé en globulos va augmenter, mais seulement le prix du poisson. Inversement, supposons que le ravaudeur de filet mette au point un filet bien plus efficace. Le poisson sera abondant et il est probable que son prix en globulos va baisser. Seul le poisson est concerné par l'évolution de prix, et peut-être celui du filet plus performant, qui sera plus cher que les vieux modèles. Il ne s'agit pas d'inflation (hausse généralisée des prix) ou de déflation (baisse généralisée des prix) mais simplement d'un ajustement des prix en fonction d'un événement précis tel qu'une pénurie ou une amélioration de la production.

Un mini raz-de-marée s'abat sur l'île et 50 globulos disparaissent dans ce tragique événement. La masse monétaire n'est plus que de 50 globulos. Heureusement, ce raz-de-marée n'a rien détruit et tout le monde continue à vaquer à ses occupations. L'économie de Tourtos n'est absolument pas modifiée. Les prix vont alors baisser puisque moins de globulos vont servir à échanger les mêmes choses. Les technocrates vous diront que c'est dramatique car il y a de la déflation mais, concrètement, il n'y a rien de vraiment ennuyeux pour nos îliens. Évidemment, si l'un d'eux est endetté et doit rembourser 1 globulos par mois, cette déflation n'est pas une bonne nouvelle pour lui. Il faut qu'il rende 1 globulos dont le pouvoir d'achat a augmenté, et lorsque ce globulos quitte sa poche, il le prive de plus de choses qu'auparavant. C'est ainsi que la déflation se montre cruelle pour ceux qui doivent de l'argent et profite aux épargnants et à ceux qui n'ont pas de dettes.

Maintenant, supposons au contraire qu'il n'y ait pas de raz-de-marée destructeur mais que 100 globulos supplémentaires arrivent subitement sur les rivages de Tourtos. Nos îliens vaquent toujours aux mêmes occupations, il y a les mêmes poissons, les mêmes filets, etc., mais la masse monétaire a doublé. Les prix vont alors augmenter puisque plus de globulos vont servir à échanger les mêmes choses. Il va y avoir de l'inflation, car tous les prix vont monter en même temps. Supposons qu'un de nos îliens soit endetté et qu'il doive 1 globulos par mois. Cette arrivée subite de globulos est une aubaine pour lui, car chaque pièce qui quitte sa poche tous les mois lui coûte moins cher. De même, quand cette pièce arrive dans la poche de son débiteur, celui-ci aussi recevra moins de pouvoir d'achat. C'est ainsi que l'inflation est une aubaine pour ceux qui sont endettés et une plaie pour les épargnants.

Quand l'argent fait la croissance et l'effet multiplicateur des keynésiens

Quittons maintenant les rivages de Tourtos et penchons-nous sur une espèce très curieuse mais répandue d'*homo economicus* : les keynésiens. Pour ces gens-là, économie et monnaie sont une seule et même chose. La croissance est la croissance de la masse monétaire. Si l'activité ralentit, il suffit d'injecter de la monnaie dans le système. L'accélération perpétuelle, c'est-à-dire la croissance de l'activité économique, est selon eux la norme. Ce sont des experts car, en plus, ils savent exactement de quelle dose de monnaie une économie a besoin pour bien tourner.

Vous pouvez dès lors lire des propos très mystérieux dans la presse économique, tels ceux de l'éditorialiste Jean-Marc Vittori dans *Les Échos* du 22 octobre 2013 : « La Chine n'est pour l'instant ni assez ouverte ni assez endettée », déplore-t-il. M. Vittori trouve que nous sommes en manque d'actifs sûrs à cause des États-Unis. Il faut une autre monnaie que le dollar, pense-t-il, mais la Chine n'exporte pas assez de dettes. Pour lui, il manque « un immense gisement d'obligations publiques homogènes pour que les investisseurs puissent acheter et vendre en masse ».

Dans ce schéma, plus il y a de dettes, plus il y a de monnaie, et inversement, donc manquer de dettes serait abominable. Dans un tel système, un pays dont la balance commerciale est chroniquement dans le rouge importe des biens ou des services et exporte de la dette. Une telle situation serait nécessaire à des échanges fructueux. Ainsi, les « réserves de change » des pays fournisseurs sont recyclées en obligations souveraines du pays client.

Il ne vient pas à l'esprit de notre éditorialiste d'évoquer un système de « monnaie-marchandise ». Dans un tel système, vous ne pouvez pas vivre à crédit indéfiniment. Lorsque vous êtes à court de marchandises, c'est fini, on ne vous prête plus… C'est exactement pour cette raison que la monnaie-marchandise ne fait pas l'unanimité.

L'inflation, la hausse des actions et l'effet Cantillon

Richard Cantillon (1680-1734) s'est intéressé, dans l'*Essai sur la nature du commerce en général*[55], à l'inflation qui a ravagé l'Europe au XVIe siècle. Avec la décou-

55 *Essai sur la nature du commerce en général*, Kessinger Publishing, 2010.

verte des Amériques, l'or débarquait en masse à la tour de Belém de Lisbonne ou à la Torre Del Oro de Séville. C'était de l'or facile, l'équivalent de l'impression monétaire de maintenant. Ne croyez pas que j'ignore les dangers de la navigation des galions chargés d'or et les misères endurées par leurs équipages. Mais, malgré tout, cet or avait été assez aisément arraché par les conquistadors. Frappé en monnaie, il a ensuite inondé l'Europe, qui connut une importante hausse des prix.

Les conclusions de Cantillon nous intéressent directement. L'inflation profite à ceux qui sont tout proches du nouvel argent et spolie les autres. Plus vous êtes proche du robinet de liquidité et plus vous vous enrichissez, plus vous êtes loin et plus vous vous appauvrissez. Au XVIe siècle, l'inflation a d'abord profité au roi d'Espagne (et du Portugal) et aux armateurs. Pour transporter l'or, il fallait des galions. Les prix du bois, des métaux et de la main-d'œuvre nécessaire à leur construction ont commencé à monter et il valait mieux être charpentier de marine que fabricant de charrettes. Ensuite, le boulanger qui voulait cuire du pain devait payer son bois plus cher. Le maréchal-ferrant et le forgeron devaient payer leur fer et leurs clous plus cher. Etc. C'est ainsi que l'inflation se propagea jusque dans les Flandres.

Aujourd'hui, qui sont les plus proches du robinet de la création monétaire ? L'industrie financière et les banques. Nous sommes dans la phase durant laquelle cette industrie s'enrichit et il ne semble pas que les autres s'appauvrissent (bien que ce ne doive pas tout à fait être l'avis des chômeurs). La création monétaire est réinvestie sur les marchés financiers et fait monter les prix des actifs. Les indices actions retrouvent leur plus haut niveau d'avant la crise.

Officiellement, il s'agit de créer un effet de richesse, les gens vont dépenser leurs plus-values et l'économie va ainsi repartir. Officieusement, les faux-monnayeurs officiels espèrent que les bénéfices serviront à combler les pertes passées dues à la débâcle du crédit *subprime* et du krach de 2008. Tel est le pari risqué et insensé de Ben Bernanke, Mario Draghi, Shinzo Abe, Mervyn King et consorts.

Cela semble fonctionner, les marchés d'actions montent, le marché obligataire ne s'effondre pas, il n'y a pas de hausse des prix sensible et l'opinion se désintéresse donc de l'or « qui ne rapporte rien » et « ne sert à rien puisqu'il n'y a pas d'inflation ».

Le mot important de la phrase précédente est « semble ». Créer de la monnaie n'a jamais rendu plus riche. Les dettes actuelles ont atteint des niveaux insoutenables et ne pourront jamais être payées. Pour se tirer d'affaire, il faudra de l'inflation et/ou faire défaut. Aux États-Unis, la ville de Detroit a fait défaut, car elle n'a pas la possibilité de créer sa propre monnaie, tout comme la Grèce, le Portugal, l'Espagne et l'Irlande, prisonnières de l'euro. La Grande-Bretagne, le Japon et les États-Unis sont eux totalement libres de créer leur fausse monnaie.

Il n'y aura peut-être jamais d'inflation comme la veulent les banques centrales, douce et anesthésiante. Il y aura peut-être de l'hyperinflation quand l'opinion découvrira qu'on crée de la monnaie pour rembourser les intérêts des dettes et maintenir le système à flot. Il y aura peut-être des défauts sauvages.

L'or est une monnaie-marchandise qui possède une particularité unique et irremplaçable : sa perte de pouvoir d'achat à long terme est limitée. Aujourd'hui, les taux d'intérêt réel nuls ou négatifs garantissent que le capital perd son pouvoir d'achat. Toute hausse des taux crée des menaces de défaut.

On l'a vu avec l'alerte du mois de juin 2013. À cette date, les marchés se mettent à anticiper sérieusement une réduction de la création monétaire américaine. 80 Mds$ de capitaux sortent brutalement du marché obligataire. Les taux longs sont alors remontés aux États-Unis et en Europe, une mini-crise monétaire a pénalisé les pays émergents, qui ont vu fuir les capitaux. La Fed dut indiquer que la remise en cause de sa politique monétaire se ferait aussi au vu des chiffres du chômage.

Le problème de la création monétaire, c'est qu'il est impossible d'en sortir sans créer une avalanche de faillites, puisque ce procédé ne vise qu'à camoufler l'insolvabilité mais n'en est pas un remède. Si vous donnez de la morphine à un patient que vous ne soignez pas, le retrait de la morphine se passe mal.

Comment nous sommes devenus des cobayes

« Les banquiers centraux [...] ont pris des décisions expérimentales dont on ne mesure pas les conséquences à terme. » (Mohamed A. El-Erian, gérant du fonds obligataire Pimco, cité dans *Les Échos* du 19 septembre 2013.)

« Soyons clairs. Nous avons intentionnellement gonflé la plus grande bulle obligataire de l'histoire. » (Andy Haldane, directeur de la stabilité financière à la Banque des règlements internationaux, cité dans *The Guardian* du 12 juin 2013.)

Le stock de dettes grossit et une faible hausse des taux amènerait donc des défauts en chaîne, qui eux-mêmes conduiraient à l'anéantissement des monnaies dans lesquelles sont libellées ces dettes.

La plupart des gens souscrivent à la bonne parole officielle selon laquelle les manipulations monétaires des banques centrales sont faites pour aider l'économie réelle. En réalité, il n'en est rien et il est très malaisé d'expliquer de façon rationnelle comment la création monétaire peut créer des emplois sources de création de richesse. La lutte contre le chômage par la planche à billets est une ineptie, comme le prouvent les statistiques, même très arrangées.

Ce que la langue de bois politico-médiatique nomme « mesures non conventionnelles » ou « assouplissement monétaire » ou « *quantitative easing* » ne poursuit qu'un seul et unique but : empêcher des institutions « trop grosses pour faire faillite » et en grave difficulté de faire faillite.

Ces manœuvres poursuivent en réalité deux buts : d'abord manipuler les taux d'intérêt courts, ce qui augmente les possibilités de marge des banques, ensuite fournir des « liquidités » qui vont permettre aux banques de faire des profits dont on espère qu'ils vont masquer les pertes passées.

J'emploie le terme « liquidités » car il ne s'agit pas d'argent représentatif d'un capital existant. Il s'agit simplement d'unités de compte monétaires qui ne représentent rien. Par le passé, des opérations comme celles qui ont été conduites par la Fed, la Banque du Japon, la Banque d'Angleterre, la Banque centrale européenne, la Banque nationale suisse, auraient déjà dû conduire à une hausse des prix monstrueuse. Mais la nouveauté de l'expérience actuelle est que ces liquidités sont essentiellement cantonnées dans les marchés financiers, qui se sont comportés jusque-là comme une poche assez étanche.

Voyons comment marche cette mécanique. Vous êtes un banquier et vous avez une mauvaise créance. Vous avez accordé un prêt à un fabricant d'huile d'olive qui est en faillite. Vous le savez, vos concurrents banquiers le savent aussi, et ils ne sont pas chauds pour vous prêter lors des classiques opérations de crédit interbancaires. En temps normal, vous seriez acculé à la faillite. Vous seriez d'abord victime d'une crise de liquidités car vous ne pourriez pas rembourser quelqu'un qui en ferait la demande sauf à emprunter sur les marchés, et cela vous coûterait trop cher car on commence à douter de votre bonne santé financière. Ensuite, il deviendrait patent que vous n'êtes plus solvable et que ce fichu fabricant d'huile d'olive vous a planté. Vos gros déposants prendraient alors la poudre d'escampette. Il ne vous resterait plus qu'à mettre la clé sous le paillasson et laisser le Fonds de garantie des dépôts et les contribuables rembourser vos déposants. Vous vous tireriez peut-être même une balle dans la tête, ne supportant pas l'opprobre de votre famille, de vos amis et de vos voisins, la conscience ravagée par la ruine de ces petits épargnants qui voient partir en fumée le fruit de leur vie de travail…

Mais, heureusement, plus maintenant ! Vous allez au guichet de votre banque centrale et vous lui tendez cette créance pourrie de votre vendeur d'huile d'olive. Le banquier central, Mario ou un autre, fait mine d'examiner cette créance pour voir si elle est « éligible ». Il se dépêche de conclure que oui, lorsque, en consultant son registre, il constate que vous êtes classé « trop gros pour faire faillite ». Il sort alors de sous son comptoir une énorme liasse de billets et vous demande de signer le registre de prêt. Votre taux d'emprunt sera le taux directeur de la Banque centrale, soit entre 0 % et 0,25 %. Et hop ! Votre situation initiale était une grosse créance pourrie qui paralysait toute votre activité et vous voilà à la tête d'un prêt qui ne vous coûte presque rien. La vie est belle.

Revenu dans votre bureau à la porte capitonnée et à la moquette au poil épais, vous méditez. Comment allez-vous employer ce bel argent ? Votre but est d'engranger de juteux bénéfices, si possible rapidement. Vos brillants résultats feront pâlir d'envie ces fripouilles de concurrents qui ont bien failli vous faire couler à cause de ce misérable fabricant d'huile d'olive indigeste et ramèneront la confiance de votre clientèle.

Allez-vous prêter à la PME du coin ? Il faudrait être fou, les données économiques sont mauvaises et ses marges sont sous pression à cause des Chinois et de la parité euro/dollar. Vous allez acheter quelques emprunts d'État de la zone euro. Ça ne rapporte pas grand-chose, mais c'est mieux que rien. Ensuite, vous allez vous livrer à quelques activités profitables de spéculation sur les marchés pour votre compte propre.

C'est ainsi que, finalement, l'argent généreusement créé par les banques centrales ne se transforme pas en hausse des prix généralisée. Il y a bien inflation monétaire mais, pour le moment, elle ne transparaît que dans les prix des actifs financiers.

Nous sommes bien toujours dans l'effet Cantillon : la création monétaire profite à ceux qui sont près de la source. Entre 2002 et 2012, seuls les 5 % des foyers les plus riches ont vu leurs revenus progresser[56]. Cette progression est de 6 % dans le bas de cette tranche, mais elle dépasse 76 % pour les

56 Étude de Thomas Piketty et Emmanuel Saez, *The Wall Street Journal*, 10 novembre 2013.

0,01 % les plus riches. Le problème n'est évidemment pas que certains s'enrichissent, tant mieux pour eux. Le problème est que les gagnants de la politique de la planche à billets ne se trouvent que dans un seul camp et que ce camp – celui de l'industrie financière – est celui par lequel le malheur est arrivé. Les 90 % des autres – qui ont vu leurs revenus baisser de 11 % – sont les perdants. S'ils se détournent de la monnaie parce qu'ils n'ont plus confiance dans les manipulations monétaires, ce sera l'effondrement. Si, dans une ultime manœuvre, les banques centrales font tourner les planches à billets pour financer directement les transferts sociaux et faire arriver l'argent dans la poche des consommateurs les plus démunis, ce sera l'hyperinflation, avant l'effondrement.

Les banques centrales n'ont jamais voulu « stimuler la croissance » ou « faire baisser le chômage ». La monnaie n'est pas l'activité économique, elle n'en est que la mesure comptable. Trafiquer la comptabilité ne rend pas plus riche. L'enjeu était (et reste toujours) d'enrichir les banques commerciales afin qu'elles puissent résorber leurs pertes. C'est donc ces banques qui ont profité de prêts à taux zéro. C'est faire d'une pierre deux coups puisque les taux bas profitent aussi aux gouvernements surendettés qui peuvent poursuivre leurs folles politiques de redistribution et d'achat de clientèle électorale.

Ce n'est donc pas l'économie réelle qui a profité des mesures exceptionnelles des banques centrales, mais l'industrie financière. Évidemment, cette spéculation assèche l'activité productive et favorise la poursuite des mauvais investissements. Il s'ensuit une destruction de l'économie privée, les entrepreneurs sont remplacés par les fonctionnaires interventionnistes et c'est ainsi que le secteur public s'arroge 57 % de l'activité économique contre 43 % pour le secteur privé.

La collusion entre sphères politique et financière

« Les États qui sont venus au secours des banques auraient pu exiger beaucoup plus car ils ont évité un risque systémique. » (« Elyès Jouini : Le retour des risques cachés de la finance »[57], *Les Échos*, 28 mai 2013.)

Après 2008, nous avons entendu de superbes discours sur la régulation, la promulgation de Bâle III qui allait obliger les banques à être plus sûres, les *stress tests*, etc. Nous allions voir ce que nous allions voir. Nous n'avons rien vu, ou plutôt nous avons essentiellement vu des catastrophes.

Le projet de loi de séparation bancaire a fait un flop. Une liste des banques systémiques (dont les folies sont garanties par vous, vos enfants et vos petits-enfants jusqu'à leur septième réincarnation) a été dressée. Le renforcement des fonds propres prévu par Bâle III est de la poudre aux yeux. Les banques se sont lestées d'emprunts d'État qui ne nécessitent réglemen-

57 http://www.lesechos.fr/supplement/20130528/supplement/0202783940813-elyes-jouini-le-retour-des-risques-caches-de-la-finance-569881.php

tairement aucune immobilisation de fonds propres. Donc, si un État est en difficulté, ses banques le sont aussi et vice-versa.

Détention de dette souveraine par les banques[58] :

- Italie : 430 Mds€ ;
- Allemagne : 360 Mds€ ;
- France : 270 Mds€ ;
- Espagne : 320 Mds€.

La spéculation reste frénétique et les produits dérivés sont revenus au même niveau qu'avant crise (celle de 2008), environ 700 000 Mds$ (700 000 000 000 000 $), dix fois le PIB mondial.

Pourquoi cette impunité ? Parce que banques et États ont des intérêts communs. D'ailleurs, les mêmes personnes passent allégrement des unes aux autres et vice-versa, tant aux États-Unis qu'en Europe ou en France. Henry Paulson ? Ministre des Finances américain et ex-président de Goldman Sachs. Mario Draghi ? Un ancien de Goldman Sachs. Le film documentaire *Inside Jobs* montre la porosité entre Wall Street et le gouvernement américain. Ses producteurs n'ont pas été attaqués pour diffamation.

« Nous appliquons tous la même devise : l'apparence de l'intérêt général au service de nos intérêts par-

58 *L'Agefi*, 10 octobre 2013.

ticuliers. »[59] (Un employé d'une méga-banque américaine qui garde l'anonymat.)

Et en France ? Idem. Qui rachète les emprunts d'État de la France et en truffe vos livrets et assurances-vie ? Les banques. Il faut bien que la France surendettée place facilement ses émissions obligataires. C'est là l'opportunité fabuleuse de la réglementation dite de Bâle III. Pas besoin d'immobiliser de fonds propres quand une banque achète des emprunts d'État. Car, voyez-vous, aux emprunts d'État est associé un risque nul. Puisqu'un État développé ne peut pas faire faillite, c'est bien connu. L'Islande, l'Irlande, la Grèce, le Portugal, Chypre, l'Espagne, l'Italie et peut-être un jour la France : zéro risque.

Les copains énarques se serrent les coudes. Je me sauve, tu me sauves, nous nous sauvons, vous payez. « Près de 300 énarques exerçaient en 2012 dans le secteur financier, soit bien plus que dans n'importe quel ministère », fait remarquer le blogueur Olivier Berruyer sur le site lescrises.fr. qui donne la liste des énarques en poste dans les principaux établissements financiers.

À la BNP : Michel Pébereau, Baudoin Prot, Philippe Bordenave, François Villeroy de Galhau, Jacques de Larosière et Jean Lemierre, les deux derniers étant des anciens directeurs du Trésor. À la Société générale : Daniel Bouton, Frédéric Oudéa, Éric Groven,

59 *La Face cachée des banques*, Éric Laurent, Plon, 2009.

Bertrand Badré, Françoise Mercadel-Delasalles, Patrick Suet. Au Crédit agricole : Xavier Musca (ancien directeur du Trésor), Bernard Delpit, Jérôme Grivet, Hubert Reynier. À la Banque populaire Caisse d'épargne : François Pérol. Une mention spéciale pour ce secrétaire général adjoint de l'Élysée sous la présidence Sarkozy qui a piloté l'injection de près de 5 Mds€ d'argent des contribuables dans ces banques avant de sauter la barrière pour prendre la direction de la nouvelle entité. BPCE comprend Natixis, une créature hybride née de la fusion de la BFCE (Banque française du commerce extérieur), du Crédit national, et d'un tentacule de la Caisse des dépôts nommé IXIS CIB. La créature fut zombifiée par la crise de 2008. François Pérol est épaulé de Marguerite Bérard-Andrieu, François Riahi et André-Jean Olivier.

Cette porosité entre énarques fonctionnaires, énarques élus et énarques financiers crée évidemment un terreau favorable pour des réactions rapides et des arrangements entre amis. C'est ainsi que, lorsque Dexia est menacée d'être prise en défaut sur ses prêts mal ficelés aux collectivités locales, on se dépêche de rafistoler et de tenter de faire voter une loi de finance susceptible de désamorcer les litiges et de blanchir la banque qui croit pouvoir s'asseoir sur le code de la consommation. En janvier 2014, le Conseil constitutionnel invalide cependant la disposition. Le contribuable revient en première ligne, car c'est l'État, par l'intermédiaire de la SFIL, qui a hérité de ce portefeuille litigieux. L'ardoise potentielle serait de 4 à 15 Mds€[60]. Une marge d'erreur digne du comptage des manifestants…

Cette collusion entre les mondes politique, financier et administratif n'a pas pour but de protéger vos intérêts en tant que déposant, épargnant ou contribuable. Elle vise simplement à maintenir le système en place et à préserver les intérêts de ceux qui le pilotent. De la même façon, le projet d'union bancaire n'est pas la super garantie des dépôts qu'on vous promet.

Pourquoi l'union bancaire ne vous protégera pas

La grande idée de l'union bancaire mise en avant par certains politiques consiste à mutualiser le sauvetage d'une banque européenne entre tous les pays d'Europe. En cas de difficulté, ce n'est plus un pays qui doit voler au secours de sa banque, mais ce sera l'Union européenne, qui décidera si l'établissement sera mis en faillite ou renfloué avec votre argent. L'organisme chargé de cette mission s'appelle le « Conseil de résolution ». L'Allemagne refuse qu'il soit attaché à la Commission (les technocrates) et veut que ce soit le Conseil (les États membres) qui se prononce. L'Allemagne veut en outre limiter la procédure aux 130 plus grosses banques (ce qui met ses propres caisses d'épargne, les Sparkassen, en dehors de ce circuit) tandis que l'Europe souhaite que toutes les banques soient concernées. En cas de sauvetage, la procédure du *bail in* serait appliquée (voir cha-

60 *Les Échos*, 31 décembre 2013.

pitre 1). Puisqu'une banque emprunte sur les marchés de l'argent qu'elle prête ensuite, les premiers à payer la casse seraient les prêteurs, ceux qui ont des obligations bancaires (par exemple, les assureurs et les fonds de gestion, les OPCVM et autres SICAV monétaires). Leurs prêts seraient d'office transformés en actions de la banque défaillante. Si vous avez dans votre contrat d'assurance-vie un fonds qui détenait des obligations de cette banque, ou un « super livret », vous aussi allez payer cette casse. Ensuite, en deuxième ligne, il y aura les déposants, comme à Chypre, ceux qui ont plus de 100 000 € de dépôts. En troisième ligne, ce serait un fonds alimenté par les banques (l'Allemagne préfère des fonds nationaux) pour ceux qui ont moins de 100 000 € de dépôts, et enfin, en dernière ligne, le contribuable européen.

La clé de voûte de cette usine à gaz est le MES – Mécanisme européen de stabilité – censé mettre au pot si, après la « revue de qualité des actifs » réalisée cette année, il faut recapitaliser des banques. Il ne vous a pas échappé que les pays étaient surendettés. Le MES est censé emprunter l'argent avec la garantie des États... L'Allemagne, qui avait lâché un « oui » de principe en 2011, n'est plus du tout partante.

Toute cette cavalerie arrivera beaucoup trop tard. Il est infiniment plus probable que les cas suivants seront traités « à la chypriote ». Vous devez réaliser que pour laisser l'intégralité des dépôts en dessous de 100 000 € il a fallu que le contribuable européen injecte 10 Mds€[61]. Chypre, c'est petit. Si la même chose se produit au Portugal, ou en Espagne, ou en Italie, ou en France, ce sont des dizaines de milliards qu'il faudra trouver. Or, en l'état actuel des choses, c'est impossible. Ceci signifierait que les dépôts en dessous de 100 000 € seront touchés aussi.

Malgré le contrôle de la monnaie par les États et les banques, malgré une création monétaire sans précédent historique à l'échelle mondiale, malgré une réglementation fignolée aux petits oignons (on n'est jamais mieux servi que par soi-même), le système bancaire reste profondément malade. Pourquoi ? C'est ce que je vous propose de voir maintenant.

61 Plus précisément 9 Mds€ de l'Union européenne et 1 Md€ du Fonds monétaire international, pour un sauvetage total de 23 Mds€, la différence étant payée par les Chypriotes.

5

Pourquoi les banques sont toujours dangereuses

La solvabilité est comme la virginité,
plus facile à conserver qu'à restaurer.
Warren Buffett

Où le lecteur lucide apprendra que le marché interbancaire est toujours gelé, ce qui signifie que les banques ne se font pas mutuellement confiance pour se prêter de l'argent. Un comble ! La crise de liquidité rôde mais, comme elle est généralisée, elle indique bien qu'il s'agit en réalité d'une crise de solvabilité, ce qui est plus grave. C'est la différence entre une fin de mois difficile mais passagère et le début de la banqueroute. Les autorités comme les banques elles-mêmes savent qu'il faudrait diminuer la taille de leur activité et augmenter leurs fonds propres. Mais comment faire sans semer la panique ?

Les deux grandes faucheuses d'une banque sont la crise de liquidité et la crise de solvabilité.

La crise de liquidité survient lorsque les déposants

et les prêteurs de court terme veulent tous reprendre leur argent simultanément. Le métier traditionnel de la banque étant de transformer des dépôts de court terme en prêts de long terme, elle est incapable de faire face à une importante demande de retraits. Si l'argent de votre livret a été partiellement transformé en un prêt immobilier sur vingt ans accordé à votre voisin Duraton et que tout le monde veut vider son livret en même temps, la banque a un problème pour rembourser ses déposants. La banque peut emprunter sur les marchés, on parle alors d'un appel au marché ou d'une émission obligataire.

La crise de solvabilité se produit lorsque la banque a accordé trop de mauvais prêts que les débiteurs ne remboursent pas. Cette fois, c'est Duraton qui est au chômage. Son assurance chômage a pris le relais pour payer son crédit, mais elle ne couvre pas la totalité des échéances du prêt ou la totalité de sa durée. La croissance ne repartant pas, Duraton ne retrouve pas de travail… Il va falloir faire saisir le bien, alors que le marché immobilier a baissé. Chaque perte consomme des fonds propres de la banque, jusqu'au moment où les fonds propres deviennent insuffisants et que la banque ne respecte plus les ratios réglementaires. Il faut alors la recapitaliser : la banque doit demander à ses actionnaires de remettre de l'argent au pot. C'est ce qu'on appelle une levée de fonds, une recapitalisation, une augmentation de capital. L'émission de nouvelles actions permet de collecter de l'argent frais qui va figurer comme fonds propres. Si les souscripteurs ne se bousculent pas au portillon, on les force à souscrire. Soit c'est l'État (donc, vous contribuable) qui souscrit et c'est le *bail out*, soit on prend sur vos dépôts, vous voilà éventuellement actionnaire forcé de votre banque (car on vous explique qu'on ne vous a pas pris votre argent, il est simplement transformé en actions) et c'est le *bail in*.

C'est à ce moment que vous réalisez que Dame Liquidité et Dame Solvabilité, les deux grandes faucheuses des banques, marchent main dans la main ! Qui voudrait laisser de gros dépôts dans une banque, qui non seulement ne gagne plus d'argent, mais vous en demande ? Les gros déposants avisés et les professionnels retirent leur argent en général juste avant que la crise de solvabilité ne démarre et déclenchent une crise de liquidités. À ce moment, la banque doit trouver de l'argent et va solliciter M. Le Marché, c'est-à-dire les grandes places financières, où elle va chercher à lever de l'argent auprès des investisseurs institutionnels, les zinzins : fonds de pension, fonds spéculatifs, compagnies d'assurance. M. Le Marché se fait un peu tirer l'oreille et va donc prêter, mais pour plus cher, à un taux plus élevé. La marge de transformation diminue et nos deux faucheuses affûtent leurs lames… La seule chose qui puisse les éloigner (en dehors des contribuables que l'État appelle à la rescousse ou des déposants dont on vole les dépôts), c'est Dame Confiance.

Vous comprenez donc mieux pourquoi l'information financière est avant tout de la « communication ». Tout entière tournée vers le but d'asseoir la réputation et la confiance de votre banque. Toute propagation de mauvaise nouvelle est néfaste, toute suspicion est tragique. Pour rompre l'omerta qui consiste à étouffer les mauvaises nouvelles, il faut que la situation soit très sérieuse et ne puisse plus être cachée.

Entre banques, la défiance règne

« Les banques ne se font toujours pas confiance entre elles puisqu'elles ne se prêtent pas dans des conditions normales et ce depuis 2008. Signe que tout n'est pas réglé. » (Nicolas Véron, Institut Bruegel, *Les Échos*, 19 novembre 2013.)

Qui mieux qu'une banque sait ce qu'une autre banque peut recéler comme vilain secret ? Le volume des prêts interbancaires est le miroir de Dame Confiance. Si les banques refusent de se prêter entre elles, c'est qu'elles se méfient. Si elles se méfient, pourquoi nous-mêmes devrions-nous leur faire confiance ? Évidemment, ce n'est pas une information que le journal télévisé de 20 h vous délivrera. Les journalistes non spécialisés ne vont pas aller fouiner sur les sites de la Banque centrale européenne, de la Banque des règlements internationaux, du Fonds monétaire international, de la Banque de France, ou des banques centrales nationales des autres pays d'Europe.

Pour maquiller Dame Confiance et lui donner

bonne mine, certaines banques ont trafiqué le Libor[62] et l'Euribor[63]. Ce sont les taux d'intérêt auxquels les grandes banques disent accepter de se prêter entre elles sur le marché de Londres, dans différentes devises pour le premier et en euros pour le second. Ces taux moyens sont fixés selon une procédure auto-déclarative. Une règle de base de la finance est que plus le prêt est risqué plus l'intérêt est élevé. Déclarer des taux plus bas que la réalité, c'est officialiser que tout baigne dans l'huile. Ces banques ont donc trafiqué ces taux à la baisse en communiquant de fausses informations.

Depuis plus de cinq ans, le marché interbancaire est cassé. Plutôt que de se prêter entre elles, même pour une nuit, les banques préfèrent laisser leur argent dans le tiroir-caisse de la Banque centrale. Lorsque tout allait bien (avant la crise du crédit *subprime* par exemple), les banques y déposaient en moyenne entre 100 M€ et 200 M€ seulement. En 2011, c'est 100 Mds€ en moyenne. En 2012, plutôt dans les 500 Mds€ en moyenne ! En 2013, ça se calme pour revenir sous les 100 Mds€, mais nous sommes toujours très loin d'être revenus aux niveaux d'avant la crise puisque la norme est maintenant 1 000 fois plus élevée[64]. En parallèle, les banques profitent de prêts à long terme, dits LTRO (*long term refinancing operations*), voire à très long terme, de la part de la BCE, ce qui n'est pas non plus une situation normale. Il s'agit de prêts à long terme accordés par la

62 *London Interbank Offered Rate.*

63 *Euro Interbank Offered Rate.*

64 Pour connaître l'évolution des dépôts *overnight* à la BCE, c'est ici : http://www.ecb.europa.eu/stats/monetary/res/html/index.en.html

Banque centrale européenne. Leur but est d'assurer la liquidité des banques auxquelles les autres banques ne veulent plus prêter. On vous en parle comme s'il s'agissait d'opérations classiques, mais c'est loin d'être le cas. La norme, ce sont des prêts de court terme, les MRO (*main refinancing operations*) en jargon.

Les banques apportent en garantie des obligations bien notées, des créances privées, et empruntent de l'argent au taux directeur de la banque centrale. Les prêts à long terme (de six mois, un an, ou éternels puisqu'ils sont reconduits après échéance) ne sont pas normaux, car ce n'est pas le rôle de la banque centrale d'avoir un portefeuille d'obligations et de créances.

De mars 2008 à novembre 2011, la BCE a prêté 565 Mds€, dont 413 Mds€ à long terme, soit presque trois fois plus de prêts à long terme que de prêts à court terme. Or, une crise de liquidité, c'est en principe une simple fin de mois difficile due à une rentrée qui a été retardée, ce n'est pas un besoin d'emprunt permanent ! Lorsque l'euro fonctionnait normalement, seulement un dixième des prêts de la BCE étaient des prêts à long terme.

Comment les banques utilisent-elles cet argent ? Il n'irrigue pas ce qu'il est convenu d'appeler l'économie réelle. L'argent est soit stocké à la banque centrale en dépôt *overnight,* c'est-à-dire en dépôts à vue qui peuvent être retirés à tout instant, soit investi sur les marchés financiers actions, obligations émises par les entreprises et surtout dettes souveraines. Vous m'objecterez, ami lecteur dont je connais la logique, qu'il est parfaitement idiot d'emprunter de l'argent à sa banque pour l'y remettre. Cela coûte cher : le taux d'intérêt auquel vous avez emprunté auprès de la banque centrale diminué du taux de rémunération que celle-ci verse. Dans le vocabulaire des banques, on dit « portage négatif ». Et, vous avez raison, le « portage négatif » des banques est la différence entre le bas de fourchette des taux directeurs et la rémunération de leurs dépôts par la banque centrale. Vous comprenez donc mieux l'appétit des banques pour les obligations d'État de la zone euro. Cela rapporte un peu plus que ce que donne la banque centrale et c'est réputé ultrafiable, tellement fiable que la réglementation dit que les banques n'ont pas besoin d'immobiliser des fonds propres pour couvrir ce risque.

Vous comprenez mieux aussi l'irrésistible hausse des marchés financiers, qui n'a plus aucune connexion avec la réalité économique (croissance atone, activité incapable de résorber le chômage). Les investisseurs institutionnels (fonds de retraite, assurances) se retrouvent confrontés à des taux d'intérêt très bas et se réfugient faute de mieux sur les marchés actions qui montent. Aux États-Unis, le marché est même gonflé par un artifice supplémentaire : les banques prêtent aux grandes entreprises cotées réputées fiables qui, avec cet argent, rachètent leurs propres actions : plus de 1 000 Mds$ depuis 2009, ce qui correspond à 10 % de la capitalisation boursière des entreprises américaines. Ça donne l'impression que les affaires vont bien et satisfait l'actionnaire qui se croit plus riche. Mais revenons en Europe…

Une banque a pu utiliser l'argent de notre Mario Draghi auprès d'une autre banque pour annuler une partie de ses emprunts interbancaires ; cet argent a pu être réemployé pour acheter auprès d'une troisième banque des emprunts d'État ou des obligations d'entreprise ; cette troisième banque va déposer à la BCE l'argent récupéré ; finalement, dans l'économie réelle, il ne se sera rien passé.

Les banques espagnoles et italiennes ont encore 300 Mds€ à rembourser sur les 365 Mds€ empruntés lors des deux prêts précédents de très longue durée. Voilà qui remet en perspective l'autocongratulation des milieux officiels sur une certaine santé retrouvée des banques de l'Europe du Sud. Il n'en est rien.

La rupture des prêts interbancaires et leur remplacement par des facilités douteuses de la Banque centrale européenne sont des anomalies et ce n'est pas parce que des anomalies deviennent durables que ce n'en est plus. La méfiance interbancaire règne et il y a une raison à cela.

« De sérieux problèmes avec les bilans des banques dans certains grands États de l'Union européenne existent, et pourraient justifier un recours à un règlement ordonné à l'avenir. Il est naturel que l'approche chypriote soit utilisée comme indicateur de ce qui pourrait arriver ailleurs : la confiscation des dépôts.

C'est primordial, car parmi les obstacles au projet d'union bancaire[65], il y a la nature même de l'assurance dépôt et la question de qui doit en assumer les coûts.

Les banques d'importance systémique mondiale n'ont pas été restructurées pour séparer les instruments dérivés et les activités de marché et de titre, où devrait s'appliquer le principe *caveat emptor*[66], des activités traditionnelles de dépôts et de prêts, où les mesures de protection sont nombreuses. Davantage de volatilité peut mettre les grandes banques en danger par le biais d'appels de marge et de garanties, contaminant ensuite les activités bancaires traditionnelles si la crise venait à empirer. »[67]

« Les soupçons des régulateurs concernent le fait que certaines banques appliquent des pondérations artificiellement basses à leurs actifs afin de réduire le besoin de fonds propres. »[68]

Comme vous le voyez, cette situation malsaine est connue des organismes internationaux comme des médias spécialisés. Le vice-président de la FDIC américaine, l'agence fédérale qui garantit les dépôts, n'a pas hésité à dire mi-2013 que la Deutsche Bank est « horriblement sous-capitalisée ». Cette banque allemande est la championne européenne des produits dérivés. La FDIC considère UBS, Morgan Stanley, le

65 Voir chapitre 1.
66 Expression latine signifiant « que l'acheteur soit vigilant ».
67 Adrien Blundell-Wignall, conseiller spécial des marchés financiers, "Cyprus : Further compressing the coiled spring", *OECD Insights*, mars 2013.
68 Sam Fleming et Patrick Jenkins, "Unanswered questions hang over euro bank tests", *Financial Times*, 24 octobre 2013.

Crédit agricole et la Société générale comme presque aussi dangereuses et manquant de capitaux.

Les Anglo-saxons reprochent à l'Europe le principe du calcul des ratios de solvabilité avec la pondération des risques[69]. Ils préfèrent jauger leurs banques avec le simple ratio de levier. Ils estiment que la méthode européenne induit une distorsion de concurrence puisque les banques opèrent avec presque deux fois moins de fonds propres que ce que leur régulateur leur demande. L'Autorité européenne des marchés financiers (ESMA[70]) reconnaît elle-même que les banques doivent améliorer leur communication et leur reproche de ne pas parler le même langage sur les risques crédits, ce qui rend difficile les comparaisons, d'être trop avares de renseignements sur leurs produits dérivés et sur la réelle disponibilité de leurs liquidités[71].

Il faut donc que nos banques maigrissent et augmentent leur ratio de solvabilité pour à nouveau inspirer confiance et que la crise de liquidité ne menace pas à chaque instant. Maigrir, mais de combien ?

Faire fondre les prêts de 2 700 Mds€, plus que le PIB de la France

Les banques européennes font toujours peser un risque de crise mondiale, estimait le *Financial Times* en

69 Voir chapitre 3.
70 European Securities and Markets Authority.
71 http://www.esma.europa.eu/news/Press-Release-ESMA-Financial-institutions-must-improve-financial-statement-disclosures?t=326&o=home

juillet 2013. Il leur faut se débarrasser de 2 700 Mds€ d'engagements précisait-il également. Si tous ces milliards vous donnent le vertige, sachez que c'est plus que le PIB de la France. « Si vous avez une crise bancaire et que les banques pèsent trois fois le poids de l'économie sous-jacente, les gouvernements ne pourront pas les soutenir. [...] Le système bancaire européen est le plus gros du monde et sans conteste trop gros. Au Japon, au Canada, en Australie, les banques pèsent deux fois la taille des économies de leur pays et aux États-Unis les prêts des banques atteignent la taille du PIB. Depuis la mi-2012, les banques européennes ont réduit leurs volumes de prêts de 2 400 Mds€ selon les données de la Banque centrale européenne à Francfort. Cependant, il faudrait encore les réduire de 2 700 Mds€. »[72]

La BCE évaluait le poids des banques à 29 500 Mds€ à fin 2012 (avec 2 645 banques et 10 % de banques en moins qu'avant la crise). La France est le deuxième pays derrière l'Allemagne pour le poids de ses banques (presque 4 fois le PIB national et 6 800 Mds€). Les banques devraient donc se dégraisser d'encore 10 %. Mais si les banques fondent de 10 % et pèsent 4 fois l'économie de leur pays, cela veut dire qu'il va falloir apprendre à vivre avec beaucoup, beaucoup moins de prêts : prêts aux entreprises, prêts immobiliers, prêts à la consommation, crédits relais... des prêts pour nous simples citoyens, mais aussi beaucoup moins de prêts aux États dispendieux, moins de prêts à la France.

---

72 « EU banks still pose systemic threat », *Financial Times*, 21 juillet 2013.

Mais cela ne suffira toujours pas. Car, faute de croissance, les vieux prêts en portefeuille deviennent de plus en plus risqués. Le FMI met en garde les banques des pays du Sud de l'Europe sur leurs prêts aux entreprises. Si la conjoncture ne s'améliore pas rapidement, les pertes en Italie, en Espagne et au Portugal pourraient avoisiner 250 Mds€, indiquait *L'Agefi* en octobre 2013. Mais le quotidien financier se hâte ensuite de rassurer son lecteur : les pertes sont couvertes par les provisions et les profits. On se demande bien alors pourquoi, le mois précédent, Mario Draghi indiquait que les futurs prêts à long terme accepteraient aussi en collatéral les prêts aux PME. En réalité, l'Europe ignore la taille des pertes de ses banques, jugeait Wolfgang Munchau, un chroniqueur du *Financial Times*[73]. Pour *Les Échos*[74], les *bad banks*, ces structures dépotoirs créées au plus fort de la crise pour oublier les mauvaises créances en attendant un retour à meilleure fortune, abritent déjà plus de 1 000 Mds€. Mais il reste tous les risques cachés qui sont donc inconnus. Pour masquer une perte, la banque utilise le truc « prétendre et étendre »[75] : les prêteurs décident de renouveler des prêts en défaut. Ceux-ci se transforment alors en « bons prêts », puisque, le prêt étant nouveau, le débiteur n'est plus

73 « Europe is ignoring the scale of bank losses », *Financial Times*, du 23 juin 2013.

74 http://www.lesechos.fr/17/06/2013/lesechos.fr/0202834793278_--bad-banks-----une-bombe-de-1-000-milliards-d-euros-pour-les-contribuables-europeens.htm

75 *Pretend and extend,* selon l'expression anglo-saxonne, *extend* signifiant que le créancier accepte d'allonger la durée du prêt.

en défaut. Exemple : votre voisin Duraton n'a pas honoré trois échéances de son prêt immobilier. Ce prêt est pour sa banque un prêt en défaut. Mais sa banque fait signer à Duraton un nouveau prêt avec des échéances décalées de trois mois. Ce prêt devient un prêt comme les autres. À côté de ça, Bernard Madoff est un enfant de chœur.

« La restructuration des dettes bancaires traîne [...]. Beaucoup d'établissements ne devraient pas être recapitalisés mais plutôt fermés ou ramenés à une taille plus modeste. Il y a trop de banques en Europe, avec des bilans trop importants. » (Willem Buiter, Citigroup, *Les Échos*, 16 janvier 2013.)

À la louche, indique Wolfgang Munchau, on arrive à 2 600 Mds€ : le bilan des *bad banks* représente 5 % de la taille des bilans des banques. On double pour tenir compte des pertes cachées et on arrive à 2 000 Mds€, on rajoute un soupçon de pertes futures en raison d'un retour en récession pour cause de renflouage par les investisseurs, et on se retrouve ainsi à 2 600 Mds$ et, finalement, c'est un peu moins 10 % des 26 700 Mds€ du bilan bancaire 2013 de la zone euro (à comparer aux 29 500 Mds€ de la fin 2012).

Vous comprenez mieux pourquoi la défiance règne. Le « machin » censé emprunter de l'argent que personne n'a, le Mécanisme européen de stabilité, ou MES, est dimensionné à 60 Mds€ ou 80 Mds€.

Mais de combien d'argent les banques auraient-elles besoin ?

Outre la réduction des prêts, il faudrait donc aussi plus de fonds propres, mais combien exactement ? C'est une question qui – réglementairement – se chiffre en dizaines de milliards d'euros. Selon le Comité de Bâle[76], ce serait 115 Mds€ pour les grandes banques de la planète, dont 70 Mds€ pour les banques de l'Union européenne. L'attitude politique est en réalité la même que celle des banques : « prétendre et étendre ». Prétendre que tout va bien et étendre les durées de mesures exceptionnelles. Mais tout ceci nécessite une mise en scène. La revue de qualité des actifs de 2014 tient une place importante sur la scène du théâtre médiatique.

L'épineuse question des dettes souveraines détenues par les banques

Lorsque, fin 2013, la BCE a annoncé que les expositions au bilan et hors bilan des dettes d'État des banques seraient également passées en revue, l'indice Euro Stoxx 50 des banques a plongé de 2,77 %, les banques espagnoles et italiennes perdant jusqu'à 6 %[77]. Vous savez maintenant comment les banques se sont lestées en profitant des largesses de la Banque centrale européenne.

---

76 *L'Agefi Hebdo*, 3 octobre 2013.
77 *L'Agefi*, 24 octobre 2013.

Détention de dettes souveraines nationales par les banques

	Dette nationale en Mds€ détenue par les banques d'un pays	En % du total des bilans (actifs) des banques de ce pays	Taille de l'économie du pays en Mds€[78] (PIB)	Taille du secteur bancaire de l'économie du pays[79] (PIB)
Allemagne	345	4,3 %	2 550	3 fois le PIB
Italie	430	10,8 %	1 500	2,68 fois le PIB
Espagne	319	9,5 %	1 015	3,34 fois le PIB
Portugal	24	7,6 %	160	3,37 fois le PIB
France	261	3,1 %	1 965	4,19 fois le PIB
Ensemble zone euro		5,6 %	9 170	3,42 fois le PIB

Sources : L'Agefi, *5 septembre 2013 ;* Financial Times, *13 octobre 2013 ; note Natixis n° 539, juillet 2013.*

Il est crucial de comprendre pourquoi il est mauvais de trouver des emprunts d'État dans les bilans bancaires et permettez-moi de m'appesantir sur cette épineuse question.

Ceci lie le sort des banques à celui de leur pays. Si jamais M. Le Marché demande par exemple à la France

78 http://www.tradingeconomics.com/ – parité euro/dollar retenue de 1,33.
79 http://www.les-crises.fr/taille-secteurs-bancaires/

ou à l'Italie de payer plus cher pour emprunter, le portefeuille obligataire de la banque souffre. En effet, la banque possède de vieilles obligations qui sont moins bien rémunérées que les plus fraîches. Donc si la banque veut vendre une partie de son portefeuille, elle va matérialiser des pertes. Inversement, si jamais M. Le Marché a un doute sur la santé d'une banque et que cette banque ne peut plus emprunter de l'argent pour se refinancer, elle va devoir se débarrasser de son portefeuille obligataire. Cet afflux d'obligations souveraines va faire baisser l'appétit des investisseurs pour les titres nouveaux que l'État a besoin d'émettre. Donc les taux d'emprunt du pays qui abrite la banque véreuse vont monter.

Par ailleurs, les banques françaises paraissent vertueuses dans le tableau précédent puisqu'elles ont relativement peu de dette française, mais elles ont beaucoup de dettes des pays faibles de l'euro (Portugal, Irlande, Italie, Grèce, Espagne), 385 Mds€, contre seulement 290 Mds€ pour les banques allemandes[80]. Or la crise de la zone euro est loin d'être terminée. La Grèce, selon le FMI, serait à nouveau en difficulté dès août 2014 car le pays aura 4,4 Mds€ de besoin de financement non couvert à partir de cette date. En cas de remontée des taux d'emprunt de + 3 % par rapport à leur niveau actuel, les détenteurs de dettes française, italienne, japonaise et britannique perdraient l'équivalent de 15 % à 25 % du PIB de ces pays, a calculé le *Financial Times*[81].

80 Selon la Banque des règlements internationaux.
81 22 juillet 2013.

Les grandes manœuvres de la revue de qualité des actifs !

Pour comprendre un peu les arcanes de la vie financière, vous devez savoir que tout ce que vous pouvez lire ou entendre doit s'interpréter à la lumière de la revue de qualité des actifs, AQR, ou *asset quality review* en anglais. Le but : savoir combien il faut réinjecter dans les établissements bancaires dits trop gros pour faire faillite. Notez bien que la réponse est indifférente, vu que personne n'a cet argent. Mais Mario Draghi n'en démord pas : « Un des objectifs que nous attendons de ces tests est de dissiper le brouillard qui entoure les bilans bancaires de la zone euro et de l'Europe. »[82] (Mario Draghi, lundi 23 septembre 2013.)

Il faut rappeler que les autorités se sont ridiculisées avec les précédents *stress tests* bancaires à la suite de faillites rapides d'établissements qui les avaient brillamment réussis.

En juillet 2010, 91 banques de la zone euro sont déclarées solvables dans des scénarios supposés adverses. On leur demandait d'afficher un ratio de solvabilité supérieur à 6 % dans des conditions de marchés supposées néfastes. Seules 7 banques sur 91 avaient été déclarées « inaptes au service ». Patatras, quatre mois plus tard, il fallut sauver les banques irlandaises (35 Mds€ de recapitalisations nécessaires sur un plan

82 http://www.forbes.com/sites/karlwhelan/2013/09/25/mr-draghi-the-vicious-circle-and-the-stress-tests/

de sauvetage global de 85 Mds€) qui ne faisaient pas du tout partie des canards boiteux.

En juillet 2011, rebelote, encore 91 banques rassemblent 65 % des actifs bancaires européens. Le scénario dit adverse retenait une baisse de 0,5 % du PIB de la zone euro en 2011, une chute de 15 % des Bourses européennes, un plongeon des marchés immobiliers, une hausse du coût de refinancement interbancaire.

Seules 8 banques échouent, tandis que 16 banques, dont 7 espagnoles, passent de justesse. Dexia ne figure pas parmi les banques recalées, mais coule deux mois plus tard.

Cette fois, 130 banques européennes seront passées au crible afin d'évaluer leur situation de liquidité et de solvabilité dans des scénarios très adverses. La Banque centrale européenne supervisera ces travaux avec l'aide de l'EBA (European Banking Authority), des régulateurs nationaux (l'Autorité de contrôle prudentiel en France) et le cabinet Oliver Wyman. Ses faits de gloire ? En 2007, il estimait que feue Anglo Irish Bank était la banque la plus performante au monde. Trois ans plus tard, Anglo Irish Bank faisait faillite, entraînant dans sa chute l'Irlande et un sauvetage par l'Union européenne et le Fonds monétaire international. En 2012, Oliver Wyman effectuait ses propres tests de résistance sur les banques espagnoles et les estimait sous-capitalisées de 59,3 Mds€, alors même que peu de temps auparavant l'Eurozone elle-même concluait de son côté à un besoin de 100 Mds€.

En parallèle, la Banque centrale européenne a recruté 1 000 personnes à Francfort, annonçait *Le Figaro* le 19 septembre 2013, pour assurer le Mécanisme de supervision unique. Les résultats de ces tests BCE sont attendus pour la mi-2014, mais on commence à évoquer plutôt la fin 2014 ou le début 2015.

En attendant, chacun essaie de faire son petit ménage plus ou moins discrètement. « Les banques espagnoles améliorent leurs comptes en restructurant les prêts des propriétaires »[83], cafarde le *Wall Street Journal* du 6 novembre 2013. Pourtant, les banques espagnoles ont reçu 41 Mds€ en 2012 mais, depuis un certain temps, une question taraudait les observateurs avisés : comment, malgré un chômage de 26 %, les défauts de paiement ne se multipliaient-ils pas ? Tout simplement parce que les banques accordaient des facilités à près d'un emprunteur défaillant sur 12. C'est l'astuce « prétendre et étendre » déjà décrite. Ces facilités touchaient 50,8 Mds€ de prêts et pouvaient aller jusqu'à trois ans de grâce. Mais le chômage est le plus fort, les bénéficiaires de ces arrangements ont jeté l'éponge d'eux-mêmes. Ils n'en peuvent tout simplement plus. Des étalements de paiement, c'est bien, mais un emploi, c'est mieux. Du coup, des prêts vont être reclassés en créances douteuses. Déjà 2 Mds€ pour Santander, 3 Mds€ pour Banco Bilbao. Les incidents de paiement (retard de plus de 90 jours) affectent 6 % des crédits en Espagne, 9 % au Portugal et 11 % en

83 Ilan Brat et Christopher Bjork, « Spain's Banks Boost Books by Refinancing Loans to Homeowners ».

Italie. Ils excèdent 10 % dans certains pays d'Europe centrale et orientale[84].

Au même moment, la Banque d'Espagne chiffre[85] qu'en cas de dégradation de l'économie, son secteur bancaire devrait faire face à 161 Mds€ de pertes de crédit d'ici à 2015, mais que les provisions passées (117 Mds€) et les résultats à venir (71 Mds€) seraient capables d'absorber ce montant. Pourtant, les banques espagnoles abordent 2014 avec une hausse des créances douteuses (+12 % en moyenne), une baisse du crédit et des marges sous pression. Nous sommes au-dessus des chiffres de 2007, lorsqu'un certain Kerviel – pour un montant de 5 Mds€ – mettait en danger la Société générale.

Le 13 novembre 2013, *L'Agefi* laisse filtrer dans une brève que la Banque d'Italie – qui mène sa propre auscultation – estime les besoins de recapitalisation de ses banques à 1,2 Md€, « seulement », aurait-on envie de dire. Elle s'intéresse particulièrement aux dépréciations de créances irrécouvrables d'Intesa Sanpaolo et d'Unicredit. En attendant, en décembre, la banque Monte dei Paschi di Siena, incapable de lever 4 Mds€, coule.

Pourtant, on pensait ces créances irrécouvrables bien au chaud sous le comptoir de la BCE. Après tout, n'était-ce pas la vocation de l'entourloupe des LTRO (*long term refinancing operations*) de Mario Draghi ? « Vous m'apportez tous vos prêts pourris et en échange je vous donne de

84 *L'Agefi*, 15 octobre 2013.
85 FLESB (*Forward-Looking Exercise on Spanish Banks*), publié en novembre 2013.

la monnaie électronique toute fraîche. Vous vous amusez avec ça et quand vous aurez fait suffisamment de profits vous me remboursez… » Et puis, si les créances sont « irrécouvrables », il n'y a pas lieu de les « déprécier » : elles valent zéro. Point final. Vous comprenez maintenant pourquoi une suspicion affreuse agite les banques et que le marché interbancaire reste congelé.

En Allemagne, en juin 2013, la Deutsche Bank est accusée d'être « horriblement sous-capitalisée » par les États-Unis. La Deutsche Bank est l'établissement européen champion des produits dérivés et est de tous les scandales (Libor, dérivés, certificats carbone, marché des changes). La direction monte au créneau médiatique et pousse des cris d'orfraie. Avec un ratio de capitaux propres sur actifs totaux de 3 %, la banque est correctement capitalisée, soutient la direction, qui indique cependant qu'elle réduira ses positions à risque de 250 Mds€. Le ratio de solvabilité réglementaire (*core tier one* en jargon) est de 10 %, mais l'effet de levier, faramineux, est de 43,8. Dit autrement, 2,3 % de perte surprise carbonise les fonds propres de la Deutsche Bank.

Si la revue de qualité des actifs fait apparaître d'importants besoins de capital pour certains établissements européens, le Mécanisme européen de stabilité, dont la mission consiste à recapitaliser les banques en difficulté, ne disposera probablement pas de suffisamment d'argent. Il faudra alors que les États repassent par la case emprunts ou par de nouveaux prêts de la Banque centrale européenne.

On peut mettre un fonctionnaire derrière chaque guichetier et cadre de banque. On peut faire surgir du néant des milliards d'euros de liquidités, on peut engager tous les consultants du monde, les faits sont têtus : il y a trop de mauvaises créances et pas assez de création de richesse. De la vraie richesse, celle qui donne du travail aux chômeurs.

Risque bancaire : la France dangereusement vulnérable

Le Center for Risk Management Lausanne a chiffré ce que la France devrait mettre au pot pour renflouer ses banques zombies au cas où les marchés chuteraient de 40 % : 13 % du PIB, soit 260 Mds€, alors que l'Allemagne aurait réussi à baisser son niveau de risque à 170 Mds€ et la Suisse à 50 Mds€[86]. Les trois banques les plus vulnérables sont le Crédit agricole, la BNP Paribas et la Société générale. La France, contrairement aux autres pays d'Europe, n'a pas réussi à diminuer le risque porté par ces établissements.

La course à la réduction des bilans et à la recapitalisation… par tous les moyens

La Société générale et BNP Paribas réduisent leur ratio de prêts sur dépôts depuis le milieu de l'année 2011. BNP a fermé le robinet de tous ses types de crédits, même l'immobilier. À l'échelle des groupes

86 « Risque bancaire : la France dangereusement vulnérable », *Le Huffington Post*, 21 octobre 2013.

(tous pays confondus), les ratios de prêts sur dépôts des banques françaises s'établissent maintenant entre 106 % et 130 %, contre 121 % à 137 % à mi 2011. Le *funding gap* (écart entre les dépôts et les crédits) est passé de 501 Mds€ à 297 Mds€. La Caisse d'épargne est une des rares banques où les dépôts sont supérieurs aux emprunts[87].

En novembre 2013, la Banque centrale italienne s'auto-évalue et trouve que son capital pèse entre 5 et 7,5 Mds€. Notez la relative humilité des comptables italiens, car il me semble qu'entre 5 Mds€ et 7,5 Mds€ il y a une petite différence de 50 %. Mais ne chipotons pas… En fait, les actifs inscrits au bilan n'avaient pas été réévalués depuis 1936 et il y en avait pour 156 000 €. Et voici un joli tour de bonneteau car la Banque d'Italie est détenue par… les banques italiennes. C'est un organisme privé, comme la Fed. Donc gonfler les fonds propres de la Banque d'Italie, c'est aussi gonfler ceux des banques italiennes (Unicredit et Intesa Sanpaolo possèdent 52 % de la Banque d'Italie) qui en ont bigrement besoin. Et hop, roule ma poule, voilà comment on gagne des fonds propres sans être obligé de passer par une levée de capital.

Pendant ce temps, de l'autre côté de l'Atlantique…

La Réserve fédérale se livrera, elle aussi, à des *stress tests* sur 30 banques, et notamment les filiales améri-

87 *L'Agefi*, 20 novembre 2013.

caines de BBVA, Santander et HSBC. Six ans après la faillite de Lehman Brothers, la Fed entend tirer au clair les risques de faillite par effet domino dans le *shadow banking*, le marché non régulé. En effet, on se souvient que Lehman Brothers était tombé à cause de produits dérivés cotés par cette finance de l'ombre. C'est bien beau de se croire assuré par des produits structurés bizarres, mais encore faut-il que, le jour où on en a besoin, on soit payé. Les banques seront donc priées de simuler la faillite d'une contrepartie.

Les hypothèses économiques retenues par la Fed ont de quoi faire dresser les cheveux sur la tête : hausse du chômage à 11,25 % au premier trimestre 2015, recul de l'activité économique de 4,75 % à fin 2014, plongeon des indices boursiers de 50 % et baisse de l'immobilier de 25 %. Dans ce contexte de récession mondiale, la Fed prévoit un recul du PIB de l'Europe de 5,75 %. Voilà de quoi mettre en perspective nos propres conditions, car pour le moment, celles qui sont en discussion sont par comparaison bien gentillettes. Tous ces savants calculs en rassureront peut-être certains, mais d'autres ne se laisseront pas leurrer.

« Les banques ont besoin de capitaux, beaucoup plus de capitaux, pas des provisions minimales fondées sur des calculs pseudo-scientifiques d'actifs pondérés des risques. Ni les régulateurs ni les dirigeants ne peuvent déterminer précisément de combien une banque a besoin. La seule banque sûre est celle qui a plus de capitaux que ce dont elle pourrait éventuellement avoir besoin. Comme les banques d'autrefois. » (John Kay, *Financial Times*, 2 avril 2013.)

« Nous devons admettre que certaines banques n'ont pas d'avenir. [...] Nous devons en laisser disparaître certaines sans nécessairement tenter de les fusionner avec d'autres institutions » (Danièle Nouy, Présidente du Comité européen des superviseurs bancaires, *Financial Times*, 10 février 2014).

Les banques sont toujours dangereuses et une grosse banque fragile peut en entraîner bien d'autres dans sa chute, exactement comme en 2008. La bulle du crédit *subprime* a été remplacée par une bulle obligataire mondiale encore plus grosse. Cette hypertrophie et cette instabilité poussent les banques au crime, comme vous allez le voir.

6

D'affaires en scandales et du laxisme à la triche

Les marchés permettent d'aller plus loin dans l'action…
et plus loin dans le risque.
Jean Tirole, président de la Toulouse School of Economics, *Les Échos*, 28 mai 2013

Où le lecteur indigné apprendra comment les banques manœuvrent pour maintenir le capital confiance, mais aussi comment leurs employés manœuvrent pour augmenter leurs bonus. Et finalement quoi de plus dangereux que de tricher à un jeu qu'on ne maîtrise pas totalement puisque les risques sont chroniquement sous-estimés ?

Les banques mettent en danger vos économies en les jouant sur les marchés financiers. Elles prennent trop de risques ou opèrent au mépris des règles du marché, risquant la destruction de leurs fonds propres et donc de se retrouver en faillite. Mais, au fait, pourquoi aller sur les marchés financiers, les banques n'ont-elles pas suffisamment à faire en finançant l'économie, comme le dit l'expression consacrée ?

En réalité, sans les marchés financiers, les banques auraient une capacité de prêts et des perspectives de gain beaucoup plus limitées. C'est bien le problème. Dans la banque de grand-papa, chaque établissement « portait son risque » durant toute la durée de vie du prêt. Avec la titrisation – processus selon lequel les crédits sont émiettés et revendus à d'autres – les banques peuvent faire endosser leurs risques et revendre leurs prêts sur les marchés financiers. C'est tout bénéfice pour elles, car un risque transféré à un autre signifie moins de fonds propres bloqués pour la banque.

Certes, les marchés sont régulés. Ceci signifie que des autorités telles que l'AMF (Autorité des marchés financiers) en France et ses homologues dans les autres pays ont le droit d'enquêter, de s'assurer que tout est fait dans les règles existantes, qui sont censées garantir que les intervenants disposent tous en même temps de la même information. Mais, pour contourner une régulation trop rigide, les banques ont aussi développé le *shadow banking*. Certaines opérations sont confiées à des entités qui, ne recevant pas de dépôts, bénéficient de règles moins strictes. Le problème est qu'il n'y a pas de cloison véritablement étanche entre le *shadow banking* et la banque classique.

Dans la pratique, toute cette régulation est devenue trop complexe et donc totalement inefficace, comme en témoignent les nombreux et récents scandales qui font surface.

Pour évaluer la solidité d'une banque, il faut que ses

clients puissent comprendre pourquoi et comment ces fraudes, manipulations, exposition excessive à certains risques, défaillances d'organisation et de supervision des activités de marché, peuvent se produire.

Le Libor, l'Euribor, le cours de l'or : des thermomètres trafiqués pour faire croire que la confiance règne ?

Juillet 2012 : le grand public découvre que le Libor, le marché londonien des taux interbancaires, était manipulé. Libor signifie *London Interbank Offered Rate* et ce taux est en principe celui auquel les banques acceptent de se prêter entre elles. Depuis 2009, un blog spécialisé – zerohedge.com – avait flairé une anomalie sur ce taux qui donne le *la* d'un marché de 350 000 Mds$ et avait même surnommé le Libor « *Liebor* », *lie* signifiant mensonge en anglais.

Le Libor est fixé d'après une procédure auto-déclarative : 18 grandes banques commerciales, membres de la British Bankers Association, déclarent le taux auquel elles se prêtent. L'équivalent existe pour la zone euro, dont le taux s'appelle Euribor. Aucun contrôle extérieur par un organisme indépendant de la procédure auto-déclarative des banques n'est réalisé.

Les banques ont donc menti et ont déclaré ce taux plus faible qu'il n'était. Première conséquence, les investisseurs sont amenés à croire que les risques de marché sont bien plus faibles qu'ils ne le sont en réalité. Les banques en mal de refinancement entre 2008 et 2011 ont pu ainsi emprunter pour moins cher. Deuxième conséquence, cela permet aux traders de faire fructifier cette information qu'eux seuls détiennent, ce qu'on appelle l'asymétrie d'information en jargon. C'est l'UBS qui va finalement vendre la mèche pour s'acheter une indulgence dans les nombreuses autres affaires dans lesquelles elle est impliquée (Madoff, procédure pour fraude fiscale aux États-Unis, comptes en déshérence pour lesquels les héritiers ne seraient recherchés qu'avec un manque d'ardeur suspect, etc.).

Quelque 350 000 Mds$ de produits dérivés de taux et également de nombreux crédits immobiliers utilisent le Libor comme référence. Il existe un équivalent du Libor pour toutes les grandes devises, celui de l'euro s'appelant Euribor, et les taux sont rattachés à une durée qui va d'un mois à douze mois. Au premier abord, vous seriez enclin à penser qu'un taux faible, après tout, ce n'est pas pénalisant pour vous. Par exemple, si vous avez un crédit immobilier dont le taux a été calculé à partir d'un Euribor trop faible, tant mieux pour vous. Mais, comme vous allez le voir, ce n'est que le petit bout de la lorgnette.

Les investigations sur le scandale du Libor menées par les autorités nord-américaines, européennes et japonaises concernent une dizaine de grandes banques internationales, mais le cas le mieux connu est celui de la Barclays, la première des banques à avoir reconnu ses torts, avant la Royal Bank of Scotland (RBS),

Citigroup, Rabobank, UBS et HSBC. Les manipulations ont commencé dès 2005. Et le Libor fut d'abord faussé à la hausse, contraignant ainsi des millions d'emprunteurs à payer des taux d'intérêt supérieurs sur leurs emprunts. Évidemment, dans ce cas, c'était excellent pour les marges des banques, notamment les marges sur les produits dérivés de taux. Mais, en 2007, le vent tourne et les premiers signaux de crise se multiplient. Le Libor est alors minoré pour faire croire aux marchés que les banques se faisaient toujours confiance.

Exemple d'échange entre traders :

« Où vois-tu le Libor à six mois demain, stp ?

– À quel niveau voudrais-tu le voir, telle est la question ? [88]

– Un Euribor à un mois très bas si tu peux.

– J'ai vraiment besoin d'un Libor à trois mois plus élevé en décembre. Je te retourne la faveur quand je peux. »[89]

Ce scandale a coûté 774 M€ à Rabobank. « Les employés ont considéré les soumissions comme un moyen de gagner de l'argent, sans égard pour l'intégrité du marché », a considéré la Financial Conduct Authority, l'équivalent britannique de notre AMF, pour justifier l'importance de l'amende. Les punitions pleuvent : 1 Md€ pour l'UBS, 340 M€ pour Barclays et 454 M€ pour la Royal Bank of Scotland. La Deutsche Bank a

88 *L'Agefi*, 30 octobre 2013.
89 *lesechos.fr*, 4 décembre 2012.

provisionné au total 4,1 Mds€ pour ces litiges. UBS pourrait être amenée à augmenter ses fonds propres de 2,4 Mds€ (3 MdsF).

Début décembre 2013, la Commission européenne a sanctionné 8 banques pour la manipulation de l'Euribor et du Libor Yen et, avec au total 1,7 Md€ d'amendes cumulées, l'Europe n'y est pas allée de main morte : 725 M€ pour la Deutsche Bank, 446 M€ pour la Société générale, 391 M€ pour la Royal Bank of Scotland, les Américaines JPMorgan et Citigroup s'en sortent cette fois plutôt bien avec moins de 100 M€. La Société générale affiche au quatrième trimestre des réserves pour litiges de 700 M€.

UBS et Barclays ont évité de payer leurs amendes (respectivement 2,5 Mds€ et 690 M€), recevant ainsi leur récompense de « balance » puisque ces deux banques avaient préféré se dénoncer et donner leurs camarades. HSBC, le Crédit agricole et JPMorgan nient toute malversation. Ce n'est pourtant « pas la fin de l'histoire »[90], selon le commissaire européen à la Concurrence. Dans le collimateur de Bruxelles, le Libor franc suisse.

Fin 2013, c'est la procédure de *fixing* du cours de l'or à Londres qui fait l'objet d'investigations de la part des autorités. Le cours comptant de l'or qui fait foi en Occident est le *fixing* de Londres établi deux fois par jour par les *bullion banks*, les banques qui ont le

90 *L'Agefi*, 5 décembre 2013.

monopole du marché physique de l'or sur la place. Là encore, il s'agit d'une procédure auto-déclarative, 5 banques communiquant le cours moyen auquel les échanges d'or se sont effectués sur les bases de leur négoce : Deutsche Bank, HSBC, Bank of Nova Scotia (BNS), Barclays, Société générale. 175 millions d'onces d'or d'une contre-valeur de 200 Mds$ changent quotidiennement de main. À quel cours ces banques le négocient-elles, et pour quels volumes exactement ? L'enquête est en cours.

Les autorités soupçonnent que les cours communiqués dans le cas de l'or ne reflètent pas tout à fait la réalité des transactions. Ces cinq banques ont créé une filiale commune, la London Gold Market Fixing Ltd[91], a révélé Bloomberg. Cette filiale n'a qu'un seul employé, Douglas Beadle, qui n'est pas salarié permanent mais simplement consultant. Âgé de 68 ans, cet ancien de la Banque Rothschild opère depuis son domicile de Caterham situé dans la banlieue de Londres, à quarante-cinq minutes de train. Ainsi donc se régule un marché qui brasse 200 Mds$ par jour.

L'or est un sujet épineux pour le système financier. Les banques centrales ont conservé leurs réserves d'or et les banques centrales des pays émergents (Chine, Inde, Russie, Turquie…) ont renforcé les leurs à la faveur de la crise. En Chine, à plusieurs reprises, des personnages officiels ont averti qu'il fallait penser à la « dédollarisation » des échanges mondiaux. Com-

91 Dépêche Bloomberg du 26 novembre 2013.

prenez que le dollar perdrait son statut de monnaie d'échange internationale et donc que les États-Unis verraient leur privilège de grand acheteur à crédit menacé. La hausse de l'or jusqu'à 1 900 $ l'once a donc été vue avec angoisse par le système financier, qui sait que l'or est considéré comme un anti-dollar. Celui qui ne veut pas garder des réserves de change (donc de la dette libellée en dollars) prend de l'or. Si la « relique barbare » – comme l'appelait Keynes – retrouvait son statut de valeur refuge, on pourrait assister à un rejet des actifs financiers et surtout des obligations, dont le rendement est manipulé à la baisse. L'or n'étant la dette de personne, s'il retrouvait son statut monétaire, ce serait la fin du système actuel, qui repose sur la monnaie-dette en dollars. Les enjeux sont donc énormes. Sans souscrire aux théories du complot, on peut quand même s'étonner de l'amateurisme de la procédure du *fixing* de l'or dont le cours reste – même au XXIe siècle – une jauge de la confiance dans le système monétaire.

A priori, tout marché s'appuyant sur un thermomètre relevant de la procédure auto-déclarative doit être considéré comme suspect. Elke König de la BaFin, la police financière allemande, a déclaré souhaiter « modifier le système de façon à ce qu'il se fonde sur des transactions réelles et qu'il soit indépendant des intérêts individuels »[92].

Vous avez certainement déjà eu, ou bien votre conseiller financier vous en a proposé, des produits

92 *L'Agefi*, 9 décembre 2013.

d'épargne ou super livret, produits qu'il vous a vantés comme étant liquides et sans risque et avec lesquels vous pouvez bénéficier d'une petite rémunération. Vous devez réaliser que les rémunérations de ces livrets, super livrets et autres dépendent de l'Euribor ou du Libor, qui sont manipulés selon les intérêts des banques.

Les pertes de *trading* passées et possibles

Les opérations de *trading* de votre banque peuvent très vite mal tourner, diminuer ses fonds propres, faire douter de sa solvabilité et tourner à la crise de liquidité du fait de la perte de confiance des marchés. Le volume d'activité de votre banque dans ce domaine et sa méthode de contrôle des risques sont par conséquent importants pour la sécurité de votre argent.

Tout le monde se souvient de Jérôme Kerviel et de ses 5 Mds€ de pertes susceptibles de faire couler la Société générale en 2008. Cela s'est traduit par une augmentation de capital réalisée dans l'urgence par Daniel Bouton, le PDG de l'époque.

Les opérations critiques des banques sont d'abord les opérations dites d'arbitrage. La banque entend gagner de l'argent en captant des tendances sur les marchés. Elle détecte des anomalies de valorisations et les exploite. Par exemple, elle vend ce qu'elle considère comme anormalement surévalué et achète un autre actif qu'elle considère injustement sous-évalué.

La banque peut aussi investir, c'est-à-dire placer sur les marchés, le surcroît de liquidités inemployées. C'est d'ailleurs une des raisons de la hausse des marchés actions de 2011 à 2013 en Europe. Lorsque les banques sont allées déposer leurs mauvaises créances au guichet de la Banque centrale, elles ont reçu en échange de l'argent. Elles ont employé ces liquidités de deux façons : en achetant de la dette d'État (qui ne leur rapporte pas grand-chose mais qui ne leur coûte rien non plus puisque la réglementation ne leur demande pas d'immobiliser du capital en fonds propres) et en investissant sur les marchés actions.

Votre banque peut aussi par des opérations de marché chercher à se livrer à des opérations dites de couverture pour se prémunir de certains risques. Voici maintenant les principaux accidents qui se sont récemment produits.

Société générale (2008) : l'affaire Kerviel

> Trader : Jérôme Kerviel
>
> Marché : contrats à terme sur indices boursiers
>
> Pertes de trading : 4,9 Mds€

Fin janvier 2008, la Société générale annonce avoir été victime d'une perte de 4,9 Mds€ suite à des prises de position démesurées sur les contrats à terme sur indices boursiers d'un de ses traders, Jérôme Kerviel (dont la position atteignait 50 Mds$ en équivalent nominal). La somme est pour l'époque gigantesque. Par comparaison, les fonds propres de la Société générale sont aujourd'hui de 35 Mds€. Même les professionnels des marchés financiers restent perplexes, la Société générale jouissant d'une réputation de leader dans les produits dérivés actions. Et vous vous souvenez certainement que ces produits sont élaborés avant tout pour que la banque en retire des profits.

Dans son dernier ouvrage, *Antifragile*[93], Nassim Nicholas Taleb trouve d'ailleurs étrange la façon dont la Société générale s'est débarrassée de ces positions un jour de fermeture des marchés américains, rendant ainsi les mouvements de la banque encore plus visibles. Un peu comme si, pour transporter un cadavre dont vous voudriez vous débarrasser, vous décidiez de le faire un dimanche après-midi à 16 h dans une petite ville de province plutôt que d'attendre le matin un jour de grand marché.

Autre bizarrerie, Jérôme Kerviel se plaçait sur des contrats à terme. Ce type de contrat vous oblige à acheter ou vendre quelque chose à un prix convenu et à une date fixée à l'avance. Par exemple, vous pensez que le prix de la banane va monter. Vous achetez un contrat à terme sur la banane au prix d'aujourd'hui et, en face, un contractant vous livrera des bananes à ce prix dans trois mois. Les gains ou pertes sont connus seulement au moment du débouclage du contrat. Si la banane a vraiment monté, vous êtes gagnant, mais

93 *Antifragile,* Les Belles Lettres, 2013.

si son prix a baissé vous auriez mieux fait d'acheter vos bananes au comptant. Pour détenir un tel contrat, vous devez payer non pas toutes vos bananes au prix convenu d'avance mais un petit acompte, un « appel de marge », en jargon. Ensuite, lorsque vous spéculez, si les événements vous donnent tort – le prix de la banane tarde à monter – vous pouvez « rouler votre contrat ». Au lieu de prendre vos pertes, vous vendez votre contrat qui arrive presque à échéance et vous rachetez un autre contrat. Toutes ces opérations entraînent des appels de marge[94] au sein d'une chambre de compensation, autant de dépenses visibles pour la trésorerie de la banque.

En tant que client de la Société générale, peu vous importe les états d'âme de Jérôme Kerviel ou de savoir comment il en est arrivé là. Au pire, c'est de l'incompétence dans l'encadrement, au mieux il y avait des failles dans la sécurité des activités de marché. La médiocrité de la supervision est d'ailleurs un phénomène connu des traders opérationnels. L'un d'eux me confiait que lorsqu'il travaillait dans la salle des marchés d'une méga-banque qui pratiquait le *trading* automatique, il était interdit de débrayer en cours de séance les « boîtes noires », *i.e.* les ordinateurs programmés pour passer les ordres ; par ailleurs l'Autorité des marchés financiers interdit de vendre sur la foi d'une rumeur, ce qui est en soi absurde, quand on sait qu'un des adages boursiers traditionnels est : « achetez la rumeur, vendez

94 Pour avoir le droit d'ouvrir et négocier un contrat à terme, il faut payer un acompte sur la valeur du contrat ; cet acompte est appelé appel de marge.

la nouvelle ». Lorsque, malgré tout, un trader décidait d'intervenir, car il s'apercevait que le pilotage automatique avait raté quelque chose et qu'il allait contre une rumeur, justement, il n'avait aucun mal à trouver un prétexte pour convaincre le responsable de la sécurité du bien-fondé de son intervention, qui ne reposait en rien sur l'exploitation d'une rumeur, évidemment.

L'affaire UBS (2011)

> Trader : Kweku Adoboli
>
> Marché : produits indiciels synthétiques
>
> Pertes : 2,3 Mds$

En septembre 2011, la banque suisse UBS annonce des pertes de *trading* évaluées à 2,3 Mds$ au sein de son activité Global Synthetic Equity. En cause, un trader en fonds indiciels ou ETF (*exchange traded funds*).

Les ETF sont des produits cotés qui répliquent des indices boursiers ou d'autres types d'actifs ; on les appelle aussi *trackers*, qui veut dire pisteurs, puisqu'ils sont censés suivre quelque chose. Ce sont des produits populaires parmi les investisseurs en Bourse car leurs frais sont beaucoup moins élevés que ceux d'un fonds activement géré et, tout comme un fonds, ils permettent en une seule ligne de portefeuille d'avoir de multiples valeurs. Il existe par exemple des *trackers* qui répliquent le CAC40, l'indice boursier français. La société qui émet ces instruments a deux possibilités : soit elle achète réellement les 40 actions qui composent l'indice et en réajuste le dosage pour suivre l'évolution de l'indice ; soit elle achète seulement les grosses valeurs, les plus liquides, et, pour compléter, elle utilise des produits dérivés. Dans ce dernier cas, on dit que l'ETF est synthétique.

Sachez que les fonds à garantie de performance que votre conseiller financier vous propose parfois utilisent des produits dérivés complexes ; refusez d'y souscrire, car le risque de contrepartie (le fait que l'émetteur du produit dérivé ne puisse pas payer) est important.

JPMorgan Chase (2012) : la « Baleine de Londres »

> Trader : Bruno Iksil, centralien
>
> Marché des dérivés de crédit
>
> Pertes de trading : 6,2 Mds$

Le trader Bruno Iksil, rattaché au Chief Investment Office (CIO) de JPMorgan Chase, est officiellement à l'origine de pertes initialement estimées à 4,4 Mds$. Le CIO a pour mission principale de couvrir l'ensemble des risques de contrepartie de la banque, c'est-à-dire de s'assurer en cas de défaut d'un émetteur. Pour cela, la banque utilise des CDS (*credit default swaps*). Le contrôle des risques de la banque porte donc la responsabilité de ces pertes mais, dans cette affaire, la communication financière de la banque est aussi sur la sellette pour avoir camouflé le véritable montant des pertes qui s'élevaient en réalité à 6,2 Mds$.

JPMorgan Chase a été condamnée à payer 300 M$ au Bureau du contrôleur de la monnaie (OCC), 200 M$ à la Fed, 200 M$ à la Security Exchange Commission américaine et 137,6 M£ à la Financial Conduct Authority britannique. Le PDG et la direction ne furent pas inquiétés.

Après cette saga des accidents de *trading* qui peuvent gravement nuire à la santé de votre banque mais aussi à vos placements, voici la saga des affaires frauduleuses et escroqueries. Dans les cas précédents, il s'agit essentiellement de traders gloutons et mal surveillés. Mais dans ceux qui suivent, il y a tromperie délibérée.

Les affaires frauduleuses et les escroqueries

La faillite de Barings (1995)

En février 1995, la banque Barings, la plus ancienne banque d'affaires britannique, coule. Motif : 1,3 Md$ de pertes avec des contrats à terme sur le Nikkei, l'indice boursier japonais. En cause dans ce cas, Nick Leeson, un trader posté à Singapour. Isolé dans son lointain bureau, Nick Leeson centralisait les opérations d'engagement (*front office*), de contrôle des opérations (*middle office*) et la comptabilisation de ces opérations (*back office)*.

Évidemment, les règles de sécurité élémentaires veulent que ces trois fonctions ne soient pas exercées par la même personne, et de nos jours l'échange de données informatisées à distance a fait suffisamment de progrès pour contrôler un employé lointain. Mais cette affaire mérite d'être rappelée car vous voyez qu'une perte relativement modeste (par comparaison avec les chiffres d'aujourd'hui) peut faire couler un très vieil établissement. En effet, si vous rapprochez cette affaire du cas Kerviel, vous noterez qu'après treize ans il faut multiplier la dose de perte par 4 pour mettre en danger une banque.

L'affaire Sumitomo (1996)

Sumitomo Corporation est un courtier japonais (une société de négoce). Yasuo Hamanaka, qui était chargé des opérations sur le cuivre, effectuait des transactions frauduleuses inconnues de son employeur auquel il a fait perdre 2,6 Mds$.

Le scandale Allfirst (2003)

Allfirst Financial est une banque irlandaise qui a réussi à ignorer 691 M$ de pertes sur des opérations de courtage effectuées par un de ses traders en devises, John Rusnak.

Goldman Sachs : l'affaire Abacus (2007)

> Trader : Fabrice Tourre, centralien, Stanford, dit Fabulous Fab
>
> Marché : crédits hypothécaires titrisés (dits CDO synthétiques)

John Paulson est un spéculateur qui entend parier sur l'effondrement du marché hypothécaire américain. Il intervient lui-même dans la composition d'un portefeuille de crédits hypothécaires titrisés et mise sur la baisse de ces instruments. Le portefeuille en question – dit Abacus – est mitonné à l'intérieur de la banque par Fabrice Tourre. Au même moment, Fabulous Fab conseille à ses clients de jouer ce portefeuille à la hausse. Le conflit d'intérêt ne l'empêchait pas de dormir du sommeil du juste…

Goldman Sachs solde cette affaire avec une amende de 550 M$, sans admettre sa culpabilité. Fabrice Tourre est, quant à lui, condamné par un tribunal de New York.

L'affaire Madoff (2008)

L'affaire Madoff est à la fraude ce que l'affaire Kerviel est à la spéculation mal maîtrisée : un cas emblématique. Bernard Madoff promettait aux investisseurs qui acquéraient des parts de son fonds un rendement pépère et tranquille de 10 à 15 % par an en moyenne. Malgré cette rémunération largement au-dessus du marché à l'époque (qui n'offrait que 5 %), le fonds Madoff passe pour être un placement de bon père de famille ; l'historique témoignait d'une robustesse très réconfortante… alors qu'elle était imaginaire. Dans la sombre réalité, le fonds Madoff rémunérait les nouveaux entrants avec l'argent des anciens. Dans ce type de montage, tout marche très bien tant que le flot d'argent des nouveaux entrants permet de payer les anciens, mais si par malheur les entrées se stabilisent ou, pire, diminuent, c'est la banqueroute. Ce qui est permis au système de retraite par répartition des Français (dans lequel les nouveaux entrants sur le marché du travail paient les retraites des anciens) ne l'est pas aux gérants de fonds : c'est ce qu'on appelle un système de Ponzi.

Le plus étonnant, c'est que cette escroquerie digne d'un album des Pieds nickelés a fait perdre quelque 50 Mds$ à des banques, des particuliers, des universités ou des organisations caritatives. Dans le cas des banques, et notamment de l'UBS, qui ne manque pas de moyens d'investigation et qui avait des établissements sur le sol américain, la *due diligence* – l'enquête indispensable que doit mener un conseiller avant de recommander un instrument de placement – s'est transformée en vraie négligence.

L'affaire CNCE (2008)

Trader : Boris Picano-Nacci

Marché : produits dérivés complexes

Pertes : 751 M€

Nous sommes en octobre 2008, un mois après la faillite de Lehman Brothers, au moment du premier sauvetage de Dexia, de Fortis et du plan d'aide publique aux banques. Boris Picano-Nacci, trader au sein de l'activité d'investissement pour compte propre de la Caisse nationale des Caisses d'épargne, fait perdre jusqu'à 750 M€ en octobre 2008 à son employeur. C'est d'autant plus étrange que, depuis plusieurs mois, les activités de marché en compte propre de l'Écureuil étaient officiellement gérées en extinction, c'est-à-dire qu'on se contentait de vendre les positions petit à petit. Les prises de positions du trader au-delà des limites autorisées portaient sur des instruments complexes et illiquides. Dans un contexte de méfiance exacerbée, les débouclages en urgence des positions se sont soldés par de grosses pertes.

L'affaire Stanford (2009)

Allen Stanford, Américain mais aussi citoyen d'Antigua-et-Barbuda, est président fondateur du Stanford Financial Group. Il s'agit en réalité d'un petit Madoff à 7 Mds$. Son bénéfice personnel se monte à un modeste 1,6 Md$. L'escroquerie – qui a tenu dix ans – a surtout concerné des investisseurs américains.

Quand RBS joue les mantes religieuses avec ses entreprises clientes (2010)

Outre-Manche, la Royal Bank of Scotland (RBS) et Lloyds Banking Group se partagent un quasi duopole des prêts aux entreprises. Depuis 2008, RBS est détenue à 81 % par le gouvernement britannique. La banque est soupçonnée, à la suite d'un audit commandé par le ministère du Commerce, d'agir en prédateur ruinant des entreprises viables. Pour ce faire, elle les pousse d'abord dans le giron de sa division dédiée au redressement d'entreprises. Ensuite, elle peut facturer des commissions de gestion plus juteuses et fait brader des immeubles et bâtis qui sont ensuite repris à bon compte par sa filiale immobilière West Register.

Les scandales Deutsche Bank

La méga banque allemande est soupçonnée par la Securities and Exchange Commission américaine d'avoir caché près de 12 Mds$ (9,2 Mds€) de pertes latentes et aussi probablement quelques pertes réelles pendant la crise financière pour échapper à une mise sous tutelle de l'État. C'est un analyste des risques internes, en poste depuis 2010, qui a découvert le pot aux roses. De 2007 à 2010, la banque aurait délibérément surestimé un portefeuille de produits dérivés complexes (*leveraged super senior loans,* ou LSS) de 120 à 130 Mds$, dont elle était le plus gros porteur. Si elle avait réellement évalué ses pertes à l'automne 2008, Deutsche Bank aurait été techniquement en faillite.

En Europe, fin 2012, le siège de Francfort de la banque a fait l'objet d'une perquisition menée par cinq cents personnes. En cause cette fois, une fraude fiscale de 300 M€ avec de faux achats de certificats de droits d'émission de CO2, donnant lieu à des remboursements de taxes sur la valeur ajoutée. Les documents saisis à cette occasion pourraient être utiles à l'enquête de la Securities and Exchange Commission.

Les manipulations du marché des changes

Avec 5 300 Mds$ brassés quotidiennement, le marché des changes, ou Forex, était réputé intraficable… jusqu'en juillet 2013. C'est oublier que 4 banques – dont Barclays, Deutsche Bank et UBS – se partagent 50 % de ce marché non régulé. La Financial Conduct Authority (FCA, la police financière britannique) soupçonne 15 banques d'avoir manipulé l'indice de référence de ce marché, le WM Reuters.

Cet indice est calculé toutes les heures (ou toutes les demi-heures pour les devises les plus actives) pour 160 monnaies, sur la base de la médiane de l'ensemble des transactions enregistrées durant les 60 secondes précédant le passage d'une heure à une autre. Les traders incriminés auraient concentré leurs ordres de vente durant cette période de 60 secondes afin d'influencer l'indice. Ils pouvaient ainsi racheter plus bas après l'heure ce qu'ils venaient de vendre en masse et empocher la plus-value lorsque les cours revenaient à la normale. Lésés dans cette affaire, les fonds de pension et les investisseurs institutionnels qui utilisent l'indice pour évaluer leurs actifs libellés en devises étrangères.

Le 4 octobre 2013, la FINMA – l'autorité suisse des marchés – et la Commission de la concurrence helvétique ont à leur tour ouvert des enquêtes similaires, évoquant des « ententes possibles entre différents instituts bancaires sur les taux de change de plusieurs devises ». Les autorités européennes de la concurrence leur ont emboîté le pas le 7 octobre, suivies moins d'une semaine plus tard par le département américain de la Justice.

Au total, les litiges ont déjà coûté 103 Mds$[95] aux banques américaines, soit plus que les dividendes versés à leurs actionnaires. Mais les punitions commencent aussi à tomber sur les banques européennes.

JPMorgan 13 Mds$ + 100 M$	5 Mds$ d'amendes et 4 Mds$ de dédommagements pour avoir repassé 33 Mds$ de crédit *subprime* aux agences américaines Fannie Mae et Freddie Mac en 2007. Enquête sur des opérations de titrisation de Bear Stearns (août 2013). Les 13 Mds$ règlent les affaires pénales, mais pas les affaires civiles (dommages et intérêts aux victimes). 100 M$ à la CFTC pour la « baleine de Londres ». Autres casseroles : courtage énergétique en Chine et manipulation du Forex.
HSBC 2,4 Mds$	Tromperie sur la qualité de ses actifs *subprime*.
UBS 4,6 M$ + 120 M$ + 50 M$ + 1,5 Md$	Amende pour avoir employé des salariés non qualifiés pour accepter des ordres d'achat et de vente. Le reste pour clore des affaires à l'amiable concernant des mensonges sur les produits structurés émis par Lehman Brothers et des mensonges à des investisseurs acquéreurs de crédits structurés *subprime*. 1,5 Md$ d'amende pour manipulation du Libor.
RBS 615 M$ + 391 M€	Amendes pour manipulation du Libor et de l'Euribor.

95 Bloomberg, 28 août 2013.

Barclays 453 M$	Amende pour manipulation du Libor.
Bank of America 6 Mds$	Amende pour avoir repassé 47 Mds$ de crédit *subprime* aux agences américaines Fannie Mae et Freddie Mac en 2007.
Deutsche Bank 725 M€	Amende pour manipulation de l'Euribor plus 3 Mds€ de provision pour risques dans différentes affaires.
Société générale 446 M€ + 0,5 M€	Amendes pour manipulation de l'Euribor et 500 000 € d'amende à régler à l'AMF dans le cadre de ses activités de contrôle de dépositaire (pas de contrôle véritable des ratios statutaires des OPC (organisme de placement collectif)), août 2013.
1,3 Md£	Amende totale infligée à Barclays, HSBC, RBS, Card Protection Plan Ltd 1 (filiale de Lloyds Banking Group) pour ventes abusives de protections sur les cartes de paiement.
1,7 Md€	Amende totale infligée par Bruxelles aux 6 banques ayant trempé dans le scandale Euribor Libor. Le Crédit agricole, HSBC et JPMorgan, qui ont refusé de coopérer à l'enquête, sont toujours sur la sellette.

Ne figurent pas dans ce tableau les provisions des banques pour des vétilles telles que : évasion fiscale (UBS), informations trompeuses (Goldman Sachs), rupture d'embargo et utilisation anticipée d'informations en principe confidentielles (Crédit Suisse, Standard Chartered, ING).

Toutes ces amendes dégraissent les banques et engraissent les fonctionnaires des autorités de supervision, mais on ne voit pas comment elles sont réellement dissuasives. De toute façon, la finance moderne est devenue beaucoup trop complexe pour être simplement contrôlée. S'il n'y avait qu'une seule chose à retenir de votre lecture, c'est de refuser tout instrument d'épargne comportant des produits dérivés obscurs dont le fonctionnement vous échappe. Le *shadow banking*, le marché de l'ombre sur lequel s'échangent les produits dérivés, est dangereux. Sur ce terrain de jeux en principe réservé aux professionnels qui ne manipulent pas de dépôts, votre argent peut se retrouver malgré tout pris en otage.

« Plus les volumes sont gros, plus la détermination des prix s'éloigne d'une évaluation en toute connaissance de cause de la valeur fondamentale et se fait par la spéculation. » (John Kay, professeur à la London School of Economics, *Financial Times*, 16 juillet 2013.)

Que penser de cette longue liste de malversations, de négligences dans les contrôles internes, de pertes souvent non assumées ? Cette liste est-elle exhaustive ou bien n'est-ce que la partie émergée de l'iceberg ? Peu importe ! Finalement, tout ceci est rendu possible par une sous-estimation chronique et viscérale des risques ; c'est ce qui permet à certains de prendre des positions démesurées, à d'autres de ne pas trouver suspects des rendements hors normes. Encore une fois, mettre un gentil fonctionnaire contrôleur derrière chaque agent bancaire ne résoudra rien. Pour votre épargne, en revanche, il est plus sain de refuser ces jeux dangereux que personne ne maîtrise vraiment, même si les professionnels feignent de le croire.

7

Comment repérer si votre banque est dangereuse

Chercher à connaître n'est souvent qu'apprendre à douter.
Antoinette Deshoulières, 1634-1694

Où le lecteur attentif apprendra à discerner ce qui est vraiment dangereux dans les banques et à utiliser quatre indicateurs simples pour savoir à qui il peut raisonnablement confier son argent.

Prêteriez-vous à quelqu'un en qui vous n'avez pas confiance ? Non évidemment, quelle question idiote ! Eh bien les banques se comportent de la même façon. Elles ne prêtent pas aux gens dans lesquels elles n'ont pas confiance et elles ne se prêtent pas entre elles ! Donc les banques ne se font pas mutuellement confiance parce qu'elles savent très bien qu'elles sont dangereuses. C'est chacun pour soi, la Banque centrale pour tous.

C'est le sens de cette mystérieuse phrase que vous lisez parfois : « Le marché interbancaire est gelé. » Ce marché interbancaire est celui des prêts entre banques.

Vous vous souvenez que le Libor et l'Euribor sont les taux auxquels on se prête sur ce marché. Vous vous souvenez probablement aussi que les banques ont menti lorsqu'elles déclaraient le taux auquel elles se prêtaient. L'idée était, en annonçant des taux bas, de donner un signal de confiance. Mais concrètement, il n'en est rien. Lorsque les banques ont besoin d'argent, elles vont directement à la Banque centrale européenne ou bien à la Banque de France.

Nous avons déjà vu que les banques obtenaient des prêts à long terme de la Banque centrale européenne, les LTRO de Mario Draghi. Une autre pratique moins connue consiste à avoir recours aux « titres de créances négociables », ou TCN, de la Banque de France. Évidemment, si votre banque a besoin de ces aides, c'est qu'elle ne va pas aussi bien que ce que vous lisez dans les journaux.

Mario Draghi pris en flagrant délit

Le 23 septembre 2013, Mario Draghi indique que les banques ont remboursé « une grande partie » des deux premiers LTRO[96], des prêts accordés par la Banque centrale européenne pour pallier les carences du marché interbancaire qui ne s'est jamais débloqué. Le président de la BCE y voit « un bon signe car cela montre que les banques ne sont pas dépendantes du financement de la BCE ».

Plaisanterie ! Si moins d'un quart constitue « une

96 *Long term refinancement operations.*

grande partie », avouez que l'arithmétique de Mario Draghi n'est pas la nôtre. À la date de cette annonce, les banques doivent toujours 775 Mds€ des 1 000 Mds€ empruntés à la BCE et, à la fin de 2013, une troisième opération de LTRO est évoquée. Pensez-vous que ce soit parce que les banques vont bien ? La vérité, c'est que la hausse des taux obligataires du deuxième semestre 2013 les a fait souffrir. Elles ont besoin de se recapitaliser et l'argent va leur coûter plus cher. Quiconque (qui se donne la peine de chercher) peut retrouver les montants en jeu sur le site de la Banque centrale européenne sous la mention presque explicite du poste 5 : « Concours en euros à des établissements de crédit de la zone euro liés aux opérations de politique monétaire »[97]. Le 8 novembre 2013, deux mois après l'exercice d'autosatisfaction de Mario Draghi, les prêts sont toujours de 730 Mds€ et à fin décembre 2013, le bilan de la BCE fait apparaître 752 Mds€.

La liste précise des banques bénéficiaires des LTRO reste secrète pour ne pas créer de panique. Tout au plus sait-on que les banques ont surtout réemployé cet argent dans des achats d'obligations d'État. Pour les banques françaises, aux prêts de Mario Draghi s'ajoutent donc ceux de la Banque de France délivrés sous le nom de TCN. Il s'agit véritablement des LTRO européens à l'échelon national. Contre un dépôt de titres hypothécaires auprès de la Banque de France, une banque commerciale obtient de l'argent frais. Cette opération ne laisse pas de trace dans le bilan de la

97 http://www.ecb.europa.eu/press/pr/wfs/2013/html/fs131112.fr.html

banque puisque les titres sont simplement « déposés ». Mais la discrétion s'arrête là. Le bilan de la Banque de France fait apparaître 400 Mds€ à la fin de 2013, un quart du PIB de la France. Là, point de secret, le site de la Banque de France dévoile les banques les plus nécessiteuses – et donc les plus dangereuses. Au mois de novembre 2013, il y en avait au total pour 424 Mds€. Vous pouvez ainsi découvrir que les grands amateurs de certificats de dépôts étaient BNP Paribas (34 Mds€), Natixis (19 Mds€), Société générale (17 Mds€), BPCE (16 Mds€), Crédit agricole (8 Mds€)…

Tout cela nous fait d'importantes pertes potentielles qui traînent un peu partout. Le plus important à retenir est que, puisque les banques ne s'inspirent pas mutuellement confiance, il n'y a pas de raison pour que vous leur accordiez une confiance aveugle. Voici quelques risques auxquels il vaudrait mieux que votre banque ne soit pas trop exposée.

D'une façon générale, les prêts à problèmes sont les prêts aux PME, le financement maritime ou *shipping* et les portefeuilles d'immobilier commercial. La définition d'un prêt à problème n'est pas harmonisée en Europe ; la Banque d'Italie est la plus stricte dans la définition des « prêts non performants[98] », ce qui explique que les volumes d'encours douteux y sont supérieurs à ceux de leurs concurrentes. Par ailleurs, les moratoires (rééchelonnements des intérêts) sont souvent utilisés pour camoufler la détérioration des actifs

98 *Non performing loans* dans les documents en anglais.

ou portefeuilles de crédits, comme vous l'avez vu dans le cas des banques espagnoles.

Le *goodwill* : pas si bon que ça...

Le *goodwill* (ou survaleur, ou encore écart d'acquisition) permet de raconter de merveilleuses histoires et de faire rêver les actionnaires. L'acheteur fait croire qu'il sait mieux gérer que son vendeur et que cette marge tout hypothétique a une valeur. En pratique, c'est plutôt l'Arlésienne de Bizet : la survaleur se laisse attendre sur fond de belles paroles et on finit par ne jamais la voir. Le problème, c'est que le *goodwill* est compté comme un véritable actif, donc fait partie des fonds propres de votre banque. Ce qui signifie que votre banque peut prêter encore plus et augmenter son effet de levier grâce à ces valeurs fantômes.

Des deux côtés de l'Atlantique, le secteur bancaire s'est livré ces trente dernières années à de multiples opérations de fusions-acquisitions pour grossir. Lorsqu'une banque en acquiert une autre, elle reporte très souvent à son bilan une somme qui correspond à un écart d'acquisition. Le raisonnement est le suivant : j'achète pour 1 milliard, mais l'actif net réel acheté (la valeur comptable) s'élève à 700 millions. J'inscris donc 300 millions de « valeur incorporelle » à mon bilan. J'ai fait un très bon achat, évidemment, et ces 300 millions se matérialiseront bien un jour grâce aux multiples synergies que j'ai vantées à mes actionnaires. L'entreprise parie donc sur des synergies futures grâce à l'acquisition. Pour ceux que le jargon de la communication rebute (et je les comprends), une synergie c'est quand 1 + 1 = 3. Par exemple, vous avez deux charrues et deux bœufs, deux attelages distincts. Mais vous décidez de fusionner les deux charrues et vous attelez vos deux bœufs à ce nouvel ensemble. Vous indiquez à vos actionnaires que comme les deux bœufs vont être heureux de se retrouver sous un même joug, ils vont tirer votre grosse charrue avec un entrain bien supérieur. Votre attelage unique est bien plus performant que deux charrues indépendantes grâce à la synergie. Enfin, ça, c'est sur le papier, car avouez que la satisfaction des bœufs est difficilement prévisible et quantifiable.

En période de croissance, le *goodwill* finira (peut-être) par apparaître et même s'il n'apparaît pas, ce n'est pas trop grave, tout le monde aura oublié. En revanche, lorsque les affaires deviennent moins prospères, la survaleur a une fâcheuse tendance à l'évaporation.

Une étude[99] publiée en janvier 2013 a établi que 32 sociétés financières cotées cumulaient 60 Mds€ de *goodwill* en 2011. En principe, chaque année, les banques doivent effectuer un test de dépréciation pour, éventuellement, diminuer la survaleur inscrite au bilan. Mais ces évaluations restent très subjectives et, dans beaucoup de cas, il est impossible d'estimer la fiabilité des hypothèses de valorisation. Le blog de

99 European Securities and Markets Authorities (ESMA), qui a scruté les rapports annuels 2011 de 235 sociétés cotées.

Jean-Pierre Chevallier donne un chiffre supérieur relevé dans les bilans des banques en novembre 2013.

***Goodwill* ou écarts d'acquisition en Mds€ des 8 plus grosses banques de l'Eurozone**

Deutsche Bank	BNP Paribas	Crédit agricole SA	BPCE
14,095	10,278	13,977	4,215

Société générale	Banco Santander	ING	UniCredit
6,132	23,729	-	11,554

Source : Blog de Jean-Pierre Chevallier, 17 novembre 2013.

En tout, nous en avons pour un peu moins de 84 Mds€ de *goodwill*. De nombreuses études montrent que le bilan des fusions-acquisitions (fusacqs, en jargon financier) est loin d'être brillant, tant dans l'industrie que dans les services. En pratique, 45 % à 80 % de ces opérations se traduisent par un désastre économique et une issue sans aucun gain pour l'actionnaire[100]. Le merveilleux *goodwill* s'est évaporé et il y a en fait un trou dans le bilan.

En pratique, les banques se résignent à des dépréciations lorsque M. Le Marché les y contraint[101]. C'est

100 Éric de Keuleneer, *Le Vif/L'Express*, 2010 ; professeur Mallikajunappa de l'université de Mangalore, 2010 ; Audrey Aslanoff, thèse de doctorat « La perception de la performance des fusions et acquistions dans le secteur bancaire », IAE de Nice, 2013.

101 Alain Schatt et Fabio Scerra, « Étude des dépréciations du *goodwill* dans le secteur bancaire européen ».

alors que s'enclenche une très fâcheuse mécanique, car M. Le Marché ne s'intéresse à la question que lorsqu'il a des doutes. Dans ces circonstances, et surtout lorsque l'équipe de management vient de changer, les nouveaux responsables ne veulent pas assumer de vieilles casseroles ; ils se dépêchent de sabrer dans les survaleurs. Mais le *goodwill* faisant partie des fonds propres, toute dépréciation va faire pencher les ratios d'endettement et de levier du mauvais côté, ce qui va renforcer les doutes de M. Le Marché, apeurer les gros déposants, etc.

Trop d'écart d'acquisition dans le bilan de votre banque, ce n'est pas bon et cela peut s'avérer une bombe à retardement.

Le piège vicieux des obligations souveraines

Qui aurait pu penser un jour que les obligations souveraines pourraient être considérées comme dangereuses ? C'est pourtant le cas. « Dettes souveraines des banques : les doutes de la BCE », titrait *Les Échos* en fin d'année 2013.

Voilà qui est plutôt inquiétant pour vos livrets A et assurances-vie en euros, qui en sont pleines. Mais cela, vous le saviez déjà. Ce que vous ne savez en revanche peut-être pas, c'est que les banques aussi se sont lestées d'obligations d'État.

Quels sont les doutes de la BCE ? La solvabilité des États émetteurs, pas moins. Les banques sont allées déposer leurs mauvaises créances en hypothèques à la Banque centrale européenne. En contrepartie, elles ont obtenu le droit d'emprunter à 0,5 % ou moins de l'argent frais et elles l'ont prêté à 2 % ou plus à leur État de tutelle.

1,5 % minimum de marge, sans risque, et en plus sans avoir besoin de geler des fonds propres en face. Car, miracle de la régulation – qui fait vraiment bien les choses –, une dette souveraine est considérée comme très sûre, une grande démocratie d'un pays développé ne pouvant en aucun cas faire faillite. Sauf que « personne ne met aujourd'hui en doute le fait que la dette émise par les États comporte parfois un risque pour l'investisseur. Le problème est sur la table, mais la manière de le traiter est très complexe, tant au plan technique que politique, avec des conséquences qui pourraient être dramatiques », indique Charles Wyplosz[102], un universitaire genevois membre du comité scientifique conseillant la Banque centrale européenne. Il est vrai que la BCE est dans une situation très inconfortable, car les États sont ses actionnaires. Difficile d'aller dire à certains de vos actionnaires que vous les soupçonnez d'être insolvables. La situation se complique encore, sachant que la Banque centrale européenne est censée contrôler la santé des grandes banques. Le Comité européen du risque systémique a d'abord préconisé de traiter la dette souveraine comme de la dette d'entreprise à moyen terme ! Mais la Banque centrale européenne, par la voix de Mario Draghi, s'y

102 Professeur à l'Institut des hautes études internationales et du développement de Genève, *Les Échos* du 2 décembre 2013.

est opposée. Finalement, dans la finance comme partout, l'inceste, ce n'est pas excellent…

L'Autorité bancaire européenne (EBA) a noté que l'exposition de 64 banques aux dettes souveraines de 21 pays européens représentait, mi-2013, 9,5 % de leurs engagements, avec évidemment une tendance accentuée à l'inceste dans les pays notoirement en difficulté. Ainsi, 99 % de la dette grecque est détenue par des banques grecques, 76 % de la dette italienne se trouve dans les banques italiennes, 89 % pour l'Espagne, 84 % en Irlande, 71 % au Portugal. En fait, la dette est nationalisée et l'union monétaire n'existe plus que sur le papier puisque les taux sont devenus trop disparates : l'Allemagne emprunte sous dix ans à 2 % tandis que l'Italie emprunte à 3,89 %, l'Espagne à 3,77 % et le Portugal à 5,41 % en début d'année 2014.

En réalité, obliger les banques à provisionner pour les dettes souveraines douteuses en mettrait certaines, notamment les banques espagnoles, en très grande difficulté. Elles n'avaient pas besoin de cela puisque, déjà fin novembre 2013, le Fonds monétaire international leur a très fortement suggéré de profiter de l'embellie des marchés pour se recapitaliser en vitesse alors qu'elles ont déjà absorbé 40 Mds€ depuis le début de la crise.

Les activités de *trading* et les produits dérivés

Les produits dérivés atteignent des montants records : 693 000 Mds$ dans le monde au premier semestre 2013, moins qu'en septembre 2011 (700 000 Mds$) mais plus qu'au moment de la faillite de Lehman Brothers (684 000 Mds$). La majorité d'entre eux sont des produits dérivés de taux, c'est-à-dire qu'ils sont sensibles à l'évolution des intérêts.

Les banques les plus exposées aux produits dérivés

Banque	Montants en Mds$	Montants rapportés au PIB du pays de la banque
Deutsche Bank	55 600	21,5 fois le PIB de l'Allemagne
BNP Paribas	48 300	24 fois le PIB de la France
Barclays	47 900	26 fois le PIB du Royaume-Uni
Royal Bank of Scotland	45 900	25 fois le PIB du Royaume-Uni
Crédit suisse	41 200	86 fois le PIB de la Suisse
UBS	30 900	65 fois le PIB de la Suisse
Société générale	19 200	10 fois le PIB de la France
Crédit agricole	16 700	8 fois le PIB de la France

Source : *AlphaValue*, Le Temps.

Les montants indiqués donnent une bonne idée de l'importance de l'activité de la banque sur ce secteur bien particulier des produits dérivés et les risques peuvent s'évaluer en comparant ces montants au PIB du pays. Certes, une partie de ces montants sont censés se compenser. Par exemple, vivent simultanément deux produits dérivés, l'un qui parie sur la hausse de la parité euro/dollar et l'autre sur la baisse de cette même parité. Il y a en principe compensation entre les pertes de l'un et les gains de l'autre. Mais si un des émetteurs est en défaut, ne peut pas payer, la compensation ne marche plus.

Selon les calculs du cabinet d'analyse indépendant AlphaValue, une perte de 0,16 % sur ces montants mettrait Crédit suisse, Deutsche Bank, UBS, Barclays et BNP Paribas en faillite. Pour le Crédit agricole, il faudrait 0,22 % et 0,26 % pour la Société générale.

Pas très rassurant de mettre votre argent dans une banque très active sur les produits dérivés.

4 indicateurs simples à comprendre pour cerner la santé de votre banque

Votre banque doit être rentable

Plus votre banque gagne d'argent, plus votre argent sera à l'abri. Inversement, une banque qui perd de l'argent est poussée au risque et à l'erreur.

Dans le jargon bancaire, le chiffre d'affaires s'appelle « produit net bancaire », ou PNB. Pour réaliser ce chiffre d'affaires, une banque a des dépenses : frais d'agences, frais de personnels, frais informatiques. Pensez à l'immobilier occupé par toutes ces agences bancaires, au coût de communication du système informatique, aux campagnes de publicité, etc. Si votre agence locale se remplit d'automates, c'est pour limiter les frais d'exploitation et mettre les gens aux bons endroits, par exemple au guichet, où un conseiller financier va pouvoir vous vanter tel ou tel livret ou placement.

La rentabilité peut s'estimer en divisant les charges d'exploitation par le produit net bancaire. Les banquiers parlent de coefficient d'exploitation.

Coefficient d'exploitation = charges d'exploitation / produit net bancaire

C'est un indicateur rustique, mais efficace. Plus c'est petit, mieux c'est, mais bien sûr vous avez toujours des exceptions à prendre en compte. Une charge exceptionnelle peut grever le PNB d'une année et faire bondir le coefficient. Inversement, des banques avec un très petit coefficient, comme les banques italiennes et espagnoles, ne sont pas pour autant des forteresses, comme nous le verrons.

Le levier le plus petit possible

Nous avons déjà vu que le ratio de solvabilité actuel ne rimait plus à grand-chose. D'abord, les méthodes retenues sont complètement absconses et, chaque banque ayant les siennes, les résultats ne sont pas comparables. La pondération selon des risques prétendument calculés par des lois de probabilité inapplicables est idiote. Il vaut donc mieux s'en tenir à un simple ratio de levier qui, comme l'indique le patron de la Banque des règlements internationaux, s'est révélé beaucoup plus fiable que les ratios *core tier one* pour désigner les banques les plus vulnérables.

Ratio de levier = somme des engagements / fonds propres

Oui, ce rapport n'indique pas si la banque s'est engagée dans des prêts à risques ou non puisque tous les prêts sont logés à la même enseigne de risque. Mais comme vouloir quantifier lesdits risques est présomptueux, autant s'en tenir à ce qu'on connaît plutôt qu'à ce qu'on prétend connaître.

C'est un peu comme si on vous reprochait de ne pas mesurer, avant de vous habiller le matin, la température extérieure avec un thermomètre indiquant le « froid ressenti ». Certes, mais il se trouve que vous n'avez qu'un thermomètre classique – modèle le plus courant et le moins cher. En outre, si vous complétez l'indication de votre bon vieux thermomètre à alcool par l'observation de la tenue vestimentaire des passants (dont vous supposez hardiment qu'ils s'habillent en fonction de leur ressenti), vous arrivez à une conclusion somme toute assez correcte. Ainsi, la fréquentation de l'Écosse m'a permis de m'étalonner. Si de votre chambre vous voyez un Écossais dehors en chemisette, prévoyez un pull. Si vous le voyez en pull, prévoyez de rajouter un coupe-vent, et si vous le voyez emmitouflé, évitez de sortir. Eh bien, les banques, c'est pareil ! La température extérieure, c'est la conjoncture économique. Voyez le ratio de levier des banques américaines comme la tenue de l'Écossais : un minimum pour affronter la météo. Les banques européennes, confrontées à une économie plus morose, feraient bien de rajouter une petite couche supplémentaire.

Levier des 28 premières banques trop grosses pour faire faillite

Banque	Pays	Levier	Ratio de solvabilité en %
Citigroup	États-Unis	10,6	9,4
Wells Fargo	États-Unis	10,7	9,3
Goldman Sachs	États-Unis	13,1	7,6
Bank of America	États-Unis	13,5	7,4
Bank of China	Chine	14,6	6,9
Morgan Stanley	États-Unis	14,7	6,8
JPMorgan Chase	États-Unis	15,3	6,5
State Street	États-Unis	15,6	6,4
Standard Chartered	Grande-Bretagne	15,8	6,3
Unicredit Group	Italie	16,2	6,2
BBVA	Espagne	16,5	6,1
HSBC	Grande-Bretagne	17,3	5,8
Royal Bank of Scotland	Grande-Bretagne	20,6	4,8
Bank of New York Mellon	États-Unis	21,0	4,8
Mitsubishi UFJ	Japon	21,2	4,7
Sumitumo Mitsui	Japon	21,2	4,7
ING Bank	Pays-Bas	21,9	4,6
Nordea	Finlande	23,6	4,2
Banco Santander	Espagne	24,8	4,0
Banque populaire Caisses d'épargne	France	25,8	3,9
Crédit suisse	Suisse	26,2	3,8
BNP Paribas	France	26,4	3,8
UBS	Suisse	26,9	3,7

Banque	Pays	Levier	Ratio de solvabilité en %
Mizuho	Japon	28,7	3,5
Société générale	France	33,0	3,0
Barclays	Grande-Bretagne	40,4	2,5
Deutsche Bank	Allemagne	43,8	2,3
Crédit agricole	France	67,2	1,5

Source : Blog Jean-Pierre Chevallier, 22 novembre 2013.

Comment lire ce tableau : pour 1 € de fonds propres, le Crédit agricole prête 67,20 € tandis que pour 1 $ de fonds propres Citigroup n'en prête que 10,6. Si, sur ces engagements, le Crédit agricole affiche 1,5 % de pertes, il n'a plus de fonds propres. Pour Citigroup, il faudrait 9,4 % de pertes.

Pour terminer sur ce sujet, ce simple ratio de levier devrait être mis en vigueur selon la réglementation dite de Bâle III en 2018. C'est bien une preuve supplémentaire – si cela était encore nécessaire – de la suspicion qui plane sur les modèles de risque. Les banques ont évidemment âprement combattu l'utilisation de ce ratio et ont gagné sur deux tableaux : son utilisation différée dans quatre ans et un niveau minimal de seulement 3 %.

Le moins de risques possible

Les banques ont des créances douteuses, cela fait partie du métier et c'est normal. En période de ralentissement économique, il est aussi normal que le volume de ces créances douteuses augmente. Un chômeur cale dans le remboursement de son crédit immobilier, une entreprise ne dégage plus assez de marges pour pouvoir rembourser un prêt d'investissement.

Ratio de risques = créances douteuses / fonds propres

Comme tous les autres ratios, celui-ci est imparfait pris seul. En premier lieu, la banque se doit de provisionner pour ses créances douteuses. Si elle gagne de l'argent, elle pourra le faire sans problème. Donc une hausse de ce ratio n'est pas dramatique pour vous, déposant ; c'est plutôt le problème des actionnaires, qui vont recevoir moins de dividendes puisque les provisions sont prises sur les résultats. Ensuite, la classification même de « créance douteuse » est variable en Europe. C'est d'ailleurs un des sujets que la Banque centrale européenne aura à clarifier dans sa revue de qualité des actifs.

Plus il y a de dépôts, mieux c'est

Plus une banque a de dépôts comparés aux prêts qu'elle a consentis, mieux c'est. Les marchés ne sont calmes qu'en apparence et si une banque a besoin d'emprunter de l'argent pour refinancer ses prêts commerciaux dans une période de méfiance, cela peut vite très mal se passer. On considère qu'avec autant de dépôts que de prêts, soit un ratio de 100 %, une banque est à l'abri d'une crise de liquidités, même dans des conditions de marché difficiles.

Indicateur de liquidité = dépôts de la clientèle / crédits commerciaux

Les banques françaises accusent dans l'ensemble un déficit de dépôts par rapport aux prêts consentis.

Sympathiques, les banques mutualistes ? Méfiance...

À qui se fier ? Même pas aux banques mutualistes, qui détiennent 20 % des dépôts européens. Oui, elles paraissent sympathiques, comme ça, avec leur côté « je prête aux petits entrepreneurs locaux qui font tourner la vraie économie et je ne spécule pas stérilement sur les grands vilains marchés ». Mais en fait, c'est le règne du copinage, des pratiques douteuses. Irlande, Espagne, Chypre, mais aussi Royaume-Uni, France, Allemagne, Autriche, Pays-Bas, n'échappent pas à la règle. Il est de notoriété que les Sparkassen allemandes et les Cajas de ahorros espagnoles regorgent d'actifs douteux. On parle moins du Crédit agricole ou des réseaux Banques populaires et Caisses d'épargne. Un article du *Financial Times*[103], signé de David Lascelles, ex-président de la Commission bancaire indépendante qui a examiné le cas chypriote, dénonce le copinage entre les administrateurs de ces banques, le réseau politique et les entrepreneurs locaux. C'est ce copinage qui permet d'obtenir un siège d'administrateur et non pas les compétences. Ne croyez pas que ces travers soient concentrés dans l'Europe du Sud. Les pressions politiques s'exercent auprès des

103 "The 'friendly' co-operative banks hold hidden risks", 25 novembre 2013.

instances de régulation et souvent on obtient des dérogations par rapport aux règles, comme aux Pays-Bas où Rabobank jouit d'un statut spécial. Au Royaume-Uni, Co-op Bank est en difficulté. Ces petites banques amicales peuvent être moins lourdement réglementées, car elles ne s'engagent pas dans des affaires risquées, est-on enclin à penser, à tort. « C'est très bien de prêter à M. Smith quand tout va bien parce qu'on sait tout de lui, qu'on est voisins et que c'est devenu un ami. Mais c'est plus difficile d'exiger ses échéances quand les affaires vont mal. C'est ainsi que les banques "sympathiques" ont une fâcheuse tendance à empiler les mauvaises créances », juge David Lascelles.

Les banques françaises, plus dangereuses que les autres

Une première façon de dégrossir la question du niveau de danger des banques consiste à regarder leurs besoins en capitaux en cas de survenance d'une nouvelle crise par pays. Un des dangers actuels est une hausse des taux d'emprunt des pays occidentaux à croissance faible.

Besoins en capitaux des banques en cas de survenance d'une nouvelle crise financière

Pays	Mds€	% PIB
France	220,88	10,75
Chypre	1,73	10,54
Pays-Bas	44,17	7,31
Grèce	12,71	6,69

Pays	Mds€	% PIB
Royaume-Uni	121,18	6,56
Suisse	24,18	4,81
Danemark	11,42	4,58
Italie	67,36	4,29
Allemagne	113,59	4,22
Belgique	15,05	3,93
Portugal	5,66	3,44
Autriche	8,49	2,67
Norvège	5,39	1,32
Finlande	0,06	0,03

Source : Eric Dor, “The recapitalization needs of European Banks if a new financial crisis occurs”, Working Paper Series, *IÉSEG School of Management, octobre 2013.*

Ce premier tableau vous montre que la France est le pays le plus vulnérable et que les banques françaises dans leur ensemble seraient difficilement renflouables puisqu'il faudrait un effort financier national équivalent à plus de 10 % du PIB.

« Le G20 est biaisé politiquement. Il a critiqué les banques chinoises mais il n'a pas pointé du doigt les banques françaises lors de ses évaluations. Pourtant, selon notre modèle, les banques françaises sont plus risquées. Ce n'est pas parce qu'elles sont gérées par des énarques que l'on peut dire que tout ira bien. » (Michael Rockinger, professeur de finance à HEC Lausanne, 14 janvier 2013.)

Un autre éclairage, banque par banque cette fois, est apporté par une étude indépendante des autorités européennes qui classe les banques les plus dangereuses en fonction de leurs besoins en capitaux. Le modèle de calcul de risque systémique a commencé à être développé dès 2010 par le V-Lab de la Stern Business School (Université de New York)[104] et par le Center for Risk Management de Lausanne (HEC).

Les 13 banques de dépôts les plus dangereuses (Europe)

Banque	Pays
Crédit agricole	France
Deutsche Bank	Allemagne
Barclays	Grande-Bretagne
BNP Paribas	France
Société générale	France
Royal Bank of Scotland	Grande-Bretagne
ING	Pays-Bas
UniCredit	Italie
Banco Santander	Espagne
Commerzbank	Allemagne
Crédit suisse	Suisse
Intesa Sanpaolo	Italie
UBS	Suisse

Classement au 7 janvier 2014. Figurent ici seulement les banques de dépôts.

Il est intéressant de confronter ce classement avec celui de *Global Finance* établi en août 2013. À cette date, le magazine professionnel estimait que les notes de crédit des banques ne prenaient pas suffisamment

104 Le lecteur qui souhaiterait approfondir peut aller sur le site de l'université : http://vlab.stern.nyu.edu/welcome/risk/

en compte le ralentissement des économies des pays émergents et le redressement de certains pays développés. *Global Finance* attache également une importance au risque de contrepartie (un partenaire étranger d'une banque fait défaut et met cette banque en difficulté) et analysait que l'instabilité migrait de l'Ouest vers l'Est.

Classement mondial des 50 banques les plus sûres

Rang	Nom	Pays
1	KfW	Allemagne
2	Bank Nederlandse Gemeenten	Pays-Bas
3	Zürcher Kantonalbank	Suisse
4	Landwirtschaftliche Rentenbank	Allemagne
5	L-Bank	Allemagne
6	Nederlandse Waterschapsbank	Netherlands
7	Caisse des Dépôts et Consignations	France
8	NRW.Bank	Allemagne
9	Banque et Caisse d'Épargne de l'État	Luxembourg
10	Rabobank	Pays-Bas
11	TD Bank Group	Canada
12	DBS Bank	Singapour
13	Oversea-Chinese Banking Corp	Singapour
14	United Overseas Bank	Singapour
15	Royal Bank of Canada	Canada
16	National Australia Bank	Australie
17	Commonwealth Bank of Australia	Australie
18	Westpac	Australie
19	ANZ Group	Australie
20	Nordea	Suède
21	Bank of Nova Scotia	Canada
22	Svenska Handelsbanken	Suède
23	Hang Seng Bank	Hong Kong

Rang	Nom	Pays
24	Caisse centrale Desjardins	Canada
25	HSBC	Royaume-Uni
26	Sparkassen-Finanzgruppe (Sparkasse)	Allemagne
27	China Development Bank	Chine
28	Bank of Montreal	Canada
29	CIBC	Canada
30	Agricultural Development Bank of China	Chine
31	BNY Mellon	États-Unis
32	Pohjola	Finlande
33	CoBank	États-Unis
34	AgriBank	États-Unis
35	National Bank of Abu Dhabi	Émirats Arabes Unis
36	Korea Finance Corporation	Corée du Sud
37	National Bank of Kuwait	Koweit
38	BancoEstado	Chili
39	AgFirst	États-Unis
40	DZ Bank	Allemagne
41	U.S. Bancorp	États-Unis
42	Industrial Bank of Korea	Corée du Sud
43	Korea Development Bank	Corée du Sud
44	Qatar National Bank	Qatar
45	Northern Trust	États-Unis
46	Samba Financial Group	Arabie Saoudite
47	Bank of Taiwan	Taiwan
48	Banco de Chile	Chili
49	LGT Bank	Liechtenstein
50	Bank of Tokyo-Mitsubishi UFJ	Japon

Source : World's 50 safest Banks 2013, Global Finance, *août 2013.*

Global Finance indique par ailleurs que les banques suivantes mériteraient de figurer à ce tableau du top 50 mais ont été écartées en raison de la taille plus modeste de leurs bilans : Wells Fargo, Standard Chartered, Banque Fédérative du Crédit mutuel, SEB, DnB, Swedbank, State Street, National Bank of Canada, Shizuoka Bank, National Commercial Bank, Al Rajhi Bank, Suncorp Metway, Banco Santander Chile, Riyad Bank.

Vous noterez que, hormis la Caisse des Dépôts et Consignations, aucune banque française ne figure dans cette liste.

Vous avez donc maintenant un faisceau de concordances qui vous indique que les banques françaises sont loin d'être des coffres-forts pour votre argent et vous avez quelques clés qui vous permettent de jauger la vôtre.

Récapitulons :

- Le marché interbancaire est gelé.

- Les banques françaises sont tributaires des largesses de la Banque centrale européenne et de celles de la Banque de France.

- Elles ne sont pas bien notées par les agences de notation.

- Elles sont mal vues d'organismes indépendants de calcul de risque.

- Survaleurs ou écarts d'acquisition et dettes souveraines au bilan de votre banque sont un mauvais signe.

- Votre banque ne doit pas être trop impliquée dans les produits dérivés.

- Quatre indicateurs – rentabilité, levier, exposition au risque, liquidité – peuvent vous permettre d'apprécier une banque en comparaison de ses consœurs.

Reste maintenant à savoir comment répartir le plus judicieusement vos billes…

8

Comment bien choisir votre banque

Choisir ! C'est l'éclair de l'intelligence.
Hésitez-vous ?… tout est dit, vous vous trompez.
Honoré de Balzac

Où le lecteur pressé cherchera fébrilement si sa propre banque figure bien ici. Si elle n'y est pas, qu'il se rassure, il aura tout de même suffisamment de clés pour se forger une opinion et s'organiser.

La première question à vous poser c'est : « Une banque pour quoi faire ? » Il y a deux cas de figure. Soit il s'agit d'un compte courant, sur lequel vous avez de la trésorerie pour vivre au mois le mois. Vous demandez simplement à ce compte de bien fonctionner, que les différents prélèvements s'effectuent correctement, d'éventuellement avoir un être humain auquel vous puissiez vous adresser en cas de besoin. Soit il s'agit d'un compte plus sérieux, capable d'abriter de la trésorerie ou votre épargne (quoique nous verrons dans le chapitre suivant divers moyens d'avoir de l'épargne « débancarisée »). Cette trésorerie peut être une trésorerie de passage, car vous allez réaliser la vente d'un bien immobilier ou de votre outil de travail et vous allez ensuite réemployer cet argent. Ce peut aussi être une trésorerie plus permanente, car vous êtes artisan ou vous exercez une profession libérale. Dans ce cas, vous avez besoin d'une banque robuste et ce sera votre premier critère de choix.

Pas tous vos œufs dans le même panier, surtout si vous attendez la ponte de gros œufs

Si vous avez une grosse rentrée d'argent, ou même si votre trésorerie est importante, vous avez déjà compris qu'il est prudent de fractionner vos dépôts. Vous avez vu que le plafond des 100 000 € était un critère de principe, mais qu'il pourrait être brisé si les circonstances l'exigeaient. En effet, à Chypre, pour ne pas toucher aux dépôts inférieurs à 100 000 €, l'Europe et le FMI se sont engagés à réinjecter 10 Mds€ dans le système ; le PIB de l'île est le dixième de celui de la France. Si l'Espagne, l'Italie ou la France devaient subir une crise similaire, ce ne serait pas 10 Mds€ qu'il faudrait injecter, mais des centaines de milliards, que personne n'a.

Enfin, il existe un risque qui est encore sous-estimé, à l'aube des élections européennes de mai 2014, celui de l'éclatement de l'euro.

Voici ce qu'en disait Charles Gave en novembre 2013[105] :

105 « Parité des pouvoirs d'achat, élections européennes et oints du Seigneur », Institut des Libertés, 17 novembre 2013.

« Que va-t-il se passer si un ou plusieurs pays envoient à Strasbourg une majorité de députés hostiles à l'euro et qui donc voteraient à Strasbourg pour sortir de l'euro ? […] En fait, les élections au Parlement européen représentent la première possibilité qui va être donnée aux peuples européens de donner leur avis sur l'euro, ce Frankenstein financier qui a détruit leurs vies. Il va donc s'agir d'un référendum, pour ou contre l'euro, et c'est tout. Dieu, que ces élections, pour une fois, vont être passionnantes ! »

Et peu importe que vous soyez europhile ou europhobe, il y a de bons arguments des deux côtés. Les europhiles modérés aiment l'idée d'une monnaie a priori moins manipulable qu'une monnaie souveraine puisque la Banque centrale européenne n'est pas à la botte d'un gouvernement mais tiraillée entre plusieurs gouvernements. Les europhobes non extrémistes (je ne parle évidemment pas des deux fronts en France, le national et celui de gauche) déplorent une construction technocratique qui ne repose sur rien de tangible, même pas la confiance dans la signature d'un État souverain capable d'user de la force pour lever l'impôt. Comme le dit Charles Gave, tout cela n'est pas le plus important et « c'est un droit essentiel pour un pays souverain d'être mal géré si la majorité de la population le souhaite ».

Ce qui est important, c'est qu'en cas de dislocation sauvage de l'euro, votre épargne va souffrir. Soit la France sort de l'euro et nous aurons droit à une dévaluation sauvage d'environ 20 % assortie de mesures de contrôle des changes et des capitaux. Soit l'Allemagne sort et laisse les pays du Sud crisser entre cigales et le résultat est à peu près similaire, c'est l'euro qui dévissera, et nous aurons quand même une restriction de mobilité des capitaux dans la zone euro du Sud.

Dans cette hypothèse, mettre des dépôts dans une banque européenne hors zone euro n'est pas une idée totalement absurde.

Votre stratégie prend donc corps :

Si vous êtes résident français, le plus commode est donc d'avoir un compte courant dans une grande banque de réseau dite trop grosse pour faire faillite. Vous y laissez un minimum de trésorerie pour régler vos affaires domestiques courantes (prélèvements EDF, téléphoniques, impôts, etc.).

Puis, si vous en avez besoin, vous parquez de grosses sommes en transit ou en attente de réemploi dans des banques plus exotiques. Vous pouvez choisir soit de petites banques françaises solides, soit des filiales de banques étrangères qui ne sont pas « systémiques ».

Enfin, si les risques de fragmentation de l'euro augmentent, il faudra songer à aller abriter votre épargne liquide et « bancarisée » dans des banques étrangères robustes hors zone euro.

Dans tous les cas, la meilleure des banques est pour vous celle qui présente :

- le moins de levier possible (le levier étant les fonds propres par rapport au total des engagements, des prêts accordés et des investissements) ;
- le plus de liquidités (les dépôts sont supérieurs aux prêts commerciaux) ;
- le moins de risques (le niveau des créances douteuses rapportées aux fonds propres est le plus faible possible).

Ajoutons qu'une banque qui gagne de l'argent, c'est évidemment mieux pour vous qu'une banque qui en perd. Car les bénéfices viennent se rajouter aux fonds propres.

Ensuite, comme vous le savez maintenant, vous devrez aussi apprécier les risques qui pèsent sur votre banque en fonction de ses activités :

- spéculation pour compte propre sur les marchés financiers ;
- montant des obligations souveraines dans son portefeuille ;
- montant des opérations de LBO (rachat par la dette) et *goodwill* ;
- implication dans les récents scandales : Libor, Euribor, Forex, vente de produits à risques à une clientèle non avertie ;
- exposition au marché immobilier français.

Avertissement au lecteur

Après la condamnation à la fin de 2013 du blogueur Jean-Pierre Chevallier par l'Autorité des marchés financiers, saisie par la Société générale, le lapin du Crédit agricole montre aussi ses incisives. « Jean-Paul Chifflet voit rouge. Le directeur général de Crédit agricole SA se "réserve le droit d'attaquer devant les juridictions compétentes toute personne, toute organisation ou tout organe d'information qui nuirait à la réputation et aux intérêts du groupe, en contribuant à propager le doute quant à la solidité de celui-ci", [...]. En cause, une étude relayée le mois dernier par la presse allemande et attribuée à tort à l'OCDE, qui faisait apparaître la banque verte comme l'une des moins capitalisée en Europe », prévenait *L'Agefi* du 5 février 2014.

L'étude en question était signée de deux chercheurs de l'OCDE qui commentaient des chiffres publiés par l'organisation internationale.

Dans ce qui suit, le lecteur se forgera une opinion – après la lecture de chiffres objectifs et de faits relayés par la presse – sur l'opportunité de laisser ou non son argent dans telle ou telle banque qui n'est pas expressément recommandée. Les ratios ont été construits avec les données les plus fraîches disponibles au moment de la rédaction de ce livre. Mais évidemment, la situation de chaque banque peut évoluer et il conviendra de la surveiller.

Les banques « trop grosses pour faire faillite » ou dites « systémiques »

Le G20 a établi en 2011 une liste de ces banques dites « systémiques » régulièrement mise à jour. En cas de problème, la faillite de l'un de ces établissements provoquerait une paralysie du système financier et entraînerait dans sa chute des établissements sains. Il y aurait donc sauvetage par la procédure dite du *bail in*, mettant à contribution l'argent de leurs déposants. En dehors des cinq banques françaises classées systémiques (Crédit agricole, BPCE, BNP Paribas et Société générale, Dexia), il existe en France des établissements français de banques étrangères « systémiques » : Barclays, HSBC et RBS (britanniques), Deutsche Bank et Commerzbank (allemandes), ING et Neuflize OBC (filiale de la banque néerlandaise ABN Amro nationalisée dans l'urgence). Les seules banques d'Europe du Sud figurant sur la liste du G20 sont BBVA et Santander, mais d'autres banques portugaises, espagnoles et italiennes possèdent des établissements en France.

Précisons que ces banques de l'Europe du Sud feront face à des pertes potentielles de 250 Mds€ dans leurs activités de prêts aux entreprises dans les deux prochaines années selon le FMI[106] :

- banques espagnoles : 104 Mds€ (déjà couverts pour moitié par les provisions) ;

106 *L'Agefi*, 9 octobre 2013.

- banques italiennes : 125 Mds€ (contre 72 Mds€ de provisions constituées) ;
- banques portugaises : 20 Mds€ (contre 12 Mds€ de provisions).

À la fin de l'année 2013, les dernières émissions de dette de Banco Espírito Santo au Portugal et de Banco Popular en Espagne ne se sont pas très bien passées, le marché se montrant exigeant.

L'effondrement fin 2013 de la plus vieille banque italienne, Monte dei Paschi di Siena, fondée en 1472, est symbolique. La banque devait lever 3 Mds€ pour pouvoir bénéficier d'un prêt de l'État italien de 4 Mds€. Incapable de trouver l'argent en décembre, la levée de fonds est reportée en mai 2014 et la banque risque la nationalisation. Le ratio de solvabilité pondéré des risques de cette banque moribonde est de 11 %, excellent donc au regard de la législation. Mais son ratio de levier est de 100 puisque Monte dei Paschi di Siena affiche 200 Mds€ d'engagements pour 2 Mds€ d'actifs nets tangibles, une hypertrophie monstrueuse. Ceci démontre encore une fois l'ineptie des ratios de solvabilité pondérés des risques.

Les petites banques françaises indépendantes

Pour parquer de grosses sommes en attente, sans saupoudrer vos dépôts, vous pouvez aller voir du côté des banques françaises indépendantes : Delubac,

Quilvest, Martin Maurel, Pouyanne, Inchauspé, les trois dernières étant particulièrement bien capitalisées. Un accès facile aux derniers bilans, une information financière intelligible pour un non expert sont des bons points. Meilleure est la transparence plus vous devez être rassuré. Et si vous ne comprenez pas les réponses qu'on vous fait, ce n'est pas bon signe.

En cas d'intensification des risques de dislocation de l'euro

Si ça chauffe en zone euro, les résidents étrangers détenant des comptes en euro verraient probablement leurs avoirs convertis dans la monnaie de leurs pays de résidence. Par exemple, si résidant en France vous avez mis de l'épargne dans une banque en Allemagne, votre dépôt serait libellé en euro-francs. En revanche, hors zone euro, votre dépôt resterait libellé en monnaie locale. D'où l'intérêt d'aller dans l'Union européenne mais hors zone euro.

Trois banques nordiques ont des ratios intéressants : les suédoises Svenska et Swedbank et la norvégienne DNB. Aux yeux du fisc français, vous serez moins suspect que si vous alliez chercher refuge – même en toute légalité – à l'UBS ou au Crédit suisse, dont les ratios selon nos critères sont beaucoup moins alléchants que ceux de leurs compatriotes Pictet ou Lombard Odier.

Une revue (non exhaustive) des principales banques mentionnées[107]

Les quatre géants français, « trop gros pour faire faillite »

Il existe en France deux types de banques : les grosses banques centralisées comme la BNP Paribas ou la Société générale et des banques mutualistes telles que le Crédit agricole, le Crédit mutuel, la BPCE (Banque populaire et Caisses d'épargne). Toutes ces banques sont « trop grosses pour faire faillite », donc les régulateurs les ont à l'œil. Les banques mutualistes ont une gestion plus décentralisée, sont plus proches de leur clientèle et attachées à une région. Mais la gestion est parfois un peu laxiste et si, par exemple, l'entité cotée Crédit agricole devait souffrir, les autres caisses subiraient nécessairement des retombées.

- **Crédit agricole – Bilan : 1 932 Mds€**

Critère d'appréciation	Mesure	Source
Rentabilité (PNB sur charges d'exploitation). Le plus gros le mieux sur une échelle de 1,21 à 2,24.	1,61	Rapport annuel 2012
Levier (engagements rapportés aux fonds propres). Le plus petit le mieux sur une échelle de 41,5 à 4,5.	36,5	Autorité bancaire européenne (EBA), 2e trimestre 2013

107 Fin 2012, Mory Doré, analyste risque crédit, a effectué une revue du bilan des banques pour les lecteurs des publications *Agora* et une partie de cette analyse s'appuie sur les travaux de son rapport spécial « Banques vos vrais risques ».

Critère d'appréciation	Mesure	Source
Risque (créances douteuses rapportées aux fonds propres). Le plus petit le mieux sur une échelle de 81 % à 3 %.	31,9 %	*Crédit Agricole at end-2012 : highlights*
Liquidité (dépôts de la clientèle sur crédits commerciaux). Le plus gros le mieux sur une échelle de 0,48 à 3,22.	0,87	Rapport annuel 2012

La banque verte, le bon sens (paysan ?) près de chez vous, un charmant lapin, quoi de plus rassurant… Le Crédit agricole vient de transférer les risques de ses compagnies d'assurance vers les caisses régionales, un délestage de 750 M€ par an bienvenu. Il est impliqué, au travers de ses filiales, en Europe du Sud avec de nombreux intérêts en Italie et au Portugal. L'effet de levier est élevé, les *goodwill*, ces fantomatiques survaleurs ou écarts d'acquisition, sont considérables puisqu'ils pèsent plus de 20 Mds€ selon l'Autorité bancaire européenne et constitueraient autant de menaces de dépréciations potentielles. Mise en cause dans le scandale de l'Euribor, la banque a provisionné pour une amende potentielle correspondant à 10 % de son chiffre d'affaires, selon BFMTV en novembre 2013.

Le Crédit agricole a eu droit à ses étrennes de la fin d'année de la part de la Banque de France, 2,45 Mds€ sous forme de certificats de dépôts. Début février 2014, l'encours de titres de créances négociables (de l'argent frais obtenu auprès de la Banque de France ou billets de trésorerie) se montait à plus de 11,5 Mds€ souligne le blogueur Jean-Pierre Chevallier qui scrute les chiffres de la Banque de France.

M. Le Marché semble se méfier et l'action, qui cotait plus de 30 € avant la crise, se négocie autour de 9 € début 2014.

Le Crédit lyonnais, qui a été absorbé en 2003, ne fait pas l'objet d'une étude distincte.

- **BNP Paribas – Bilan : 1 907 Mds€**

Critère d'appréciation	Mesure	Source
Rentabilité (PNB sur charges d'exploitation). Le plus gros le mieux sur une échelle de 1,21 à 2,24.	1,47	Rapport annuel 2012
Levier (engagements rapportés aux fonds propres). Le plus petit le mieux sur une échelle de 41,5 à 4,5.	26,0	Autorité bancaire européenne (EBA) 2e trimestre 2013
Risque (créances douteuses rapportées aux fonds propres). Le plus petit le mieux sur une échelle de 81 % à 3 %.	38,6 %	Rapport annuel 2012
Liquidité (dépôts de la clientèle sur crédits commerciaux). Le plus gros le mieux sur une échelle de 0,48 à 3,22.	0,86	Rapport annuel 2012

Pas trop impliquée dans les divers scandales et malversations qui ont défrayé la chronique en 2013, BNP Paribas fait peu parler d'elle. La banque se veut un peu haut de gamme, un héritage de Paribas – une vieille banque d'étage – et est le numéro 1 français pour les fonds de placements (actifs sous gestion en jargon), avec 347 Mds€.

La banque a indiqué avoir réalisé 546 M€ d'économies sur ses coûts en 2013, avec des méthodes dignes de l'industrie lourde : les prestataires informatiques européens de la banque de financement et d'investissement sont remplacés par des salariés maison recrutés en Inde.

Pour améliorer sa liquidité, BNP Paribas a aussi réduit en 2013 ses portefeuilles de crédits à la consommation et prêts immobiliers d'environ 2 % et annonce avoir enregistré une progression de ses dépôts de 12 Mds€ en 2012 et 2013.

Malheureusement, le bilan montre des survaleurs de 11 Mds€, un gros levier, et un recours aux largesses de la Banque de France avec plus de 36 Mds€ de titres de créances négociables, signe que la vie n'est pas si tranquille que cela. D'ailleurs, M. Le Marché n'est pas totalement dupe et l'action, qui cotait plus de 90 € avant la crise, cote autour de 55 € début 2014.

- **Société générale – Bilan : 1 254 Mds €**

Critère d'appréciation	Mesure	Source
Rentabilité (PNB sur charges d'exploitation). Le plus gros le mieux sur une échelle de 1,21 à 2,24.	1,41	Document de référence 2012
Levier (engagements rapportés aux fonds propres). Le plus petit le mieux sur une échelle de 41,5 à 4,5.	34,9	Autorité bancaire européenne (EBA), 2e trimestre 2013
Risque (créances douteuses rapportées aux fonds propres). Le plus petit le mieux sur une échelle de 81 % à 3 %.	40,8 %	Document de référence 2012
Liquidité (dépôts de la clientèle sur crédits commerciaux). Le plus gros le mieux sur une échelle de 0,48 à 3,22.	0,96	Document de référence 2012

Un cas d'école de la « banque universelle ». 32 000 personnes dans la banque de détail en France et 88 000 à l'étranger pour 65 pays, 3 176 agences en France. La « banque d'étage », présente dans 53 pays, occupe 18 000 personnes. En France, son PNB[108] était de 4,1 Mds€ pour un résultat brut d'exploitation de 1,5 Mds€. La rentabilité sur actif net tangible est de 12 % et la Société générale vise 13 à 15 % dans la Banque de financement et d'investissement.

108 Le PNB ou produit net bancaire est l'équivalent pour les banques du chiffre d'affaires.

Les « produits structurés », fleuron de la boutique, représentent 84,5 Mds€ d'actifs sous gestion. Les *trackers bear* sur le CAC40 sont bien connus des boursicoteurs avertis. Ces certificats permettent de reproduire l'inverse des performances de l'indice boursier national. Ainsi, si le CAC40 baisse de 10 %, votre certificat progresse de 10 % (ou même plus si vous prenez la variante à effet de levier). Il s'agit de produits dérivés, une grosse activité de la Société générale.

La Société générale gère en extinction un portefeuille résiduel de produits toxiques (expression jargonneuse pour dire qu'elle doit s'en débarrasser). Conformément aux normes comptables IFRS[109], ce portefeuille figure au bilan avec une estimation gelée et sa valeur n'est pas influencée par les variations de marchés. Mais si jamais la banque devait vendre dans l'urgence pour trouver de l'argent, cela pourrait mal se passer et les pertes viendraient diminuer les fonds propres.

Le levier est également très important et la Société générale est fortement impliquée dans les produits dérivés. La liquidité, quoique bonne selon le standard français, reste sous la moyenne internationale. En octobre 2013, la « SocGén » est montée au capital de sa filiale russe Rosbank, alors même que les agences de notation s'inquiétaient du déclin de la rentabilité des banques locales.

109 *International Financial Reporting Standards.*

Signalons que la banque a elle aussi reçu ses étrennes de fin d'année de la part de la Banque de France, à savoir 5 Mds€ le 31 décembre 2013. Le montant de ses facilités de trésorerie auprès de la Banque de France dépasse 20 Mds€ au début de février 2014.

M. Le Marché reste dubitatif puisque le cours de Bourse, qui a atteint plus de 140 € avant la crise, tourne autour de 41 € début 2014.

- **BPCE – Bilan : 1 162 Mds€**

Critère d'appréciation	Mesure	Source
Rentabilité (PNB sur charges d'exploitation). Le plus gros le mieux sur une échelle de 1,21 à 2,24.	1,46	Rapport annuel 2012
Levier (engagements rapportés aux fonds propres). Le plus petit le mieux sur une échelle de 41,5 à 4,5.	27,4	Autorité bancaire européenne (EBA), 2e trimestre 2013
Risque (créances douteuses rapportées aux fonds propres). Le plus petit le mieux sur une échelle de 81 % à 3 %.	56,2%	*BPCE Investor Presentation January 2014*
Liquidité (dépôts de la clientèle sur crédits commerciaux). Le plus gros le mieux sur une échelle de 0,48 à 3,22.	0,75	Rapport annuel 2012

Banque populaire et Caisses d'épargne : voilà qui ne fleure pas la « finance sans visage », mais plutôt un côté rassurant, tranquille, épargne de bon père de famille. Les noisettes de l'Écureuil pourraient-elles se retrouver carbonisées dans une crise bancaire ?

Un point fort, l'indicateur de risque, qui est bon, mais deux points faibles : le levier et l'indicateur de liquidité. Le groupe s'est lancé dans la réduction de coût pour améliorer la rentabilité et 900 M€ d'économies d'ici à 2017 sont visées, après déjà 1 Md€ réalisé entre 2010 et 2013.

Deux points épineux, le Crédit foncier et Natixis. Le Crédit foncier est devenu le spécialiste du crédit immobilier pour les primo-accédants depuis la mort de son concurrent, le Crédit immobilier de France. Pour ne pas porter trop de risque, le Crédit foncier est supposé titriser (découper et revendre à d'autres) chaque année 3 Mds€ de prêts immobiliers accordés à la clientèle fragile (du crédit *subprime* à la française). Quant à Natixis, elle figure à la cinquième place dans la liste des établissements systémiques du classement V-Lab-Stern (voir chapitre précédent). Natixis est également en février 2014 le troisième établissement en terme d'encours de facilités de crédit auprès de la Banque de France avec 20,6 Mds€ de certificats de dépôts à terme.

Deux banques à taille presque humaine et non « systémiques »

- **Banque fédérative du Crédit mutuel – Bilan : 389 Mds€**

  Banque mutualiste apte à abriter un compte courant, surtout le CIC.

Critère d'appréciation	Mesure	Source
Rentabilité (PNB sur charges d'exploitation). Le plus gros le mieux sur une échelle de 1,21 à 2,24.	1,60	Document de référence 2012
Levier (engagements rapportés aux fonds propres). Le plus petit le mieux sur une échelle de 41,5 à 4,5.	21,70	Document de référence 2012
Risque (créances douteuses rapportées aux fonds propres). Le plus petit le mieux sur une échelle de 81 % à 3 %.	42,6 %	Document de référence 2012
Liquidité (dépôts de la clientèle sur crédits commerciaux). Le plus gros le mieux sur une échelle de 0,48 à 3,22.	0,81	Document de référence 2012

La BFCM chapeaute le Crédit mutuel et le CIC et a pour vocation de refinancer sur les marchés financiers l'ensemble de ces banques mutualistes.

Le CIC, ou Crédit industriel et commercial, qui a été absorbé en 1998, ne fait pas l'objet d'une étude distincte. Cet établissement – qui présente des ratios plutôt meilleurs que ceux de la BFCM – a été désigné par le magazine *Global Finance* comme l'établissement français le plus sûr ; signalons par ailleurs que le CIC est actionnaire à hauteur de 30 % de l'élitiste banque lyonnaise Saint Olive.

- **La Banque postale – Bilan : 205 Mds€**

Critère d'appréciation	Mesure	Source
Rentabilité (PNB sur charges d'exploitation). Le plus gros le mieux sur une échelle de 1,21 à 2,24.	1,21	Rapport d'activité 2012
Levier (engagements rapportés aux fonds propres). Le plus petit le mieux sur une échelle de 41,5 à 4,5.	41,5	Document de référence 1er semestre 2013
Risque (créances douteuses rapportées aux fonds propres). Le plus petit le mieux sur une échelle de 81 % à 3 %.	17,9 %	Document de référence 1er semestre 2013
Liquidité (dépôts de la clientèle sur crédits commerciaux). Le plus gros le mieux sur une échelle de 0,48 à 3,22.	3,22	Rapport d'activité 2012

Banque et citoyenne, banque de tous et de chacun, voilà encore des accroches bien lissées par la communication et susceptibles de retirer toute anxiété. Le levier est énorme – même si le tout aussi énorme ratio de liquidité est là pour le contrebalancer.

Et Dexia ? Voilà une question épineuse. Car la Banque postale s'est vu infliger d'ingurgiter Dexia en 2012, tout au moins tout ce qui était considéré comme viable dans la structure Dexia Crédit local. Or, les litiges concernant les prêts toxiques aux collectivités locales se multiplient et le gouvernement, qui pensait avoir trouvé la parade en faisant voter en douce une loi rétroactive dans la loi de finance (voir chapitre 3), s'est vu retoquer par le Conseil constitutionnel. Dexia a plus de 40 Mds€ de facilités de crédit sous forme de certificats de dépôts auprès de la Banque de France, ce qui la classe au premier rang des banques nécessiteuses sur ce plan. Elle a cependant disparu de la liste des banques systémiques en 2012.

- **Le groupe Crédit du Nord – Bilan : 56,76 Mds€**

Critère d'appréciation	Mesure	Source
Rentabilité (PNB sur charges d'exploitation). Le plus gros le mieux sur une échelle de 1,21 à 2,24.	1,53	Rapport annuel 2012
Levier (engagements rapportés aux fonds propres). Le plus petit le mieux sur une échelle de 41,5 à 4,5.	21,02	Rapport annuel 2012
Risque (créances douteuses rapportées aux fonds propres). Le plus petit le mieux sur une échelle de 81 % à 3 %.	81,1 %	Rapport annuel 2012
Liquidité (dépôts de la clientèle sur crédits commerciaux). Le plus gros le mieux sur une échelle de 0,48 à 3,22.	0,83	Rapport annuel 2012

Sous ce chapeau de « groupe Crédit du Nord » se logent les banques Courtois, Kolb, Laydernier, Nuger, Rhône Alpes, Tarneaud, la Société marseillaise de crédit et le Crédit du Nord.

Le groupe affiche le niveau de risque le plus élevé de toutes les banques passées en revue dans ces pages. À relativiser cependant car 79,6% des sommes étaient provisionnées et le taux d'encours douteux sur l'ensemble des prêts est de 5,9 %. Il n'en demeure pas moins que le groupe participe réellement au financement des PME et TPE françaises, que 2011, 2012 et 2013 furent des années difficiles et que ceci demeure le talon d'Achille de ce groupe par ailleurs utile à ce qu'il est maintenant convenu d'appeler « l'économie réelle ». Saluons aussi la transparence de la communication qui ne dore pas la pilule sur ce point, c'est un bon signe. Facilités de crédit en cours à la Banque de France par le biais des certificats de dépôts : 4,4 Mds€.

Les petites banques françaises bien capitalisées

Ces banques de petite taille sont aptes à résister aux grands chocs des marchés. Attention, ce sont des banques souvent élitistes qui accueilleront volontiers les comptes bien provisionnés d'une clientèle aisée, des professions libérales et des indépendants. Dans ce genre d'établissement, on se frotte peu aux produits structurés et on prête aux clients dans la mesure où ils donnent de très robustes garanties. En fait, on leur prête surtout l'argent qu'ils ont déjà (immobilisé par ailleurs). Ce sont donc de bons endroits pour abriter vos liquidités en attente de réemploi ou la trésorerie de votre entreprise.

- **La Banque Delubac – Bilan : 484 M€**

Capitaux propres	43 M€
Levier	11,2
Ratio de liquidité (dépôts sur prêts)	2,5

Fondée en 1924 à Le Cheylard (au cœur de l'Ardèche), la Banque Delubac & Cie possède un statut de société en commandite. Ce type de société a deux catégories d'associés : le commanditaire qui fournit l'essentiel des capitaux et le commandité qui s'occupe de l'administration de la société. Les commanditaires sont indéfiniment et solidairement responsables sur leurs apports. Ceci limite donc les bêtises potentielles et l'appât du gain. On regrette cependant l'absence de transparence concernant le bilan, qui n'est pas présenté sur le site.

Delubac & Cie couvre pour les entreprises la gestion de la trésorerie et des portefeuilles d'actifs financiers, la mobilisation de créances, ainsi que les opérations dites de haut de bilan (rapprochement d'entreprises, introduction en Bourse…).

La banque comporte une nombreuse clientèle de professionnels de l'administration de biens immobiliers, les gérants d'immeubles et syndics de copropriété, des professions judiciaires, des experts comptables, des commissaires aux comptes.

Pour les particuliers, la Banque Delubac & Cie offre des services haut de gamme dits de *family office,* avec des conseils d'ingénierie patrimoniale.

- **La banque Quilvest – Bilan : 3,3 Mds$**

Capitaux propres	733 M$
Levier	4,5
Ratio de liquidité (dépôts sur prêts)	2,4

Quilvest est un groupe financier international, coté au Luxembourg, qui possède des bureaux à Paris, Zurich, New York, Londres, Dubaï, Montevideo, Singapour, Hong Kong. Il est détenu par les familles héritières du groupe industriel Bemberg, cet actionnariat familial s'attachant plus à la maîtrise des risques qu'à la recherche de la rentabilité à tout prix. Bemberg est toujours un groupe industriel actif dans la brasserie (bière Quilmes).

Le groupe Quilvest gère aujourd'hui environ 18 Mds$, dont 14,5 Mds$ en gestion de fortune et 3,3 Mds$ en *private equity* (financement et participation au développement d'entreprises non cotées).

Le bilan et les principaux chiffres figurent en anglais sur le site.

- **La banque Martin Maurel – Bilan : 2,1 Mds€**

Capitaux propres	177 M$
Levier	12
Ratio de liquidité (dépôts sur prêts)	1,70

Banque familiale marseillaise et lyonnaise, Martin

Maurel a des bureaux à Paris, Lyon, Marseille, Aix-en-Provence et Neuilly-sur-Seine. La banque est attachée à conserver une très large trésorerie pour conserver son indépendance vis-à-vis des marchés et pratique une politique de crédit prudente.

Le site affiche clairement les chiffres clés du bilan et du compte de résultat.

- **La banque Pouyanne – Bilan : 225 M€**

Capitaux propres	25 M$
Levier	9
Ratio de liquidité (dépôts sur prêts)	1,3

Banque familiale et régionale de la côte basque dans laquelle le groupe Crédit du Nord détient 30 % de participation. Les agences sont concentrées dans le Sud-Ouest, la plus orientale étant Tarbes et la plus septentrionale étant Mont-de-Marsan. Mais évidemment, il y a un service de banque en ligne. Le site affiche clairement les chiffres clés du bilan et du compte de résultat pour 2011.

- **Banque Michel Inchauspé – Bilan : 427 M€ (chiffre 2010)**

Capitaux propres	53,8 M€ (chiffre 2011)
Levier	7,9
Ratio de liquidité (dépôts sur prêts)	1,5

La banque se réclame de la Navarre, c'est dire que vous n'aurez pas de bureau à Singapour, mais la couverture va jusqu'à Bordeaux, Toulouse et Lourdes ; si vous êtes un entrepreneur régional, vous serez donc accueilli à bras ouverts.

On ne peut accéder sur le site qu'au rapport annuel 2010, mais les fonds propres, les dépôts clientèles et les prêts y figurent clairement.

Les banques hollandaises et belges

- **Rabobank – 698 Mds€**

Cet établissement est une grosse banque coopérative hollandaise, fortement impliquée dans l'immobilier résidentiel aux Pays-Bas – c'est son principal inconvénient – tempéré par le fait que le financement par le crédit ne représente que 65 % du prix des biens. N'oubliez pas que la bulle immobilière se dégonfle dans ce pays et que les prix de l'immobilier y ont chuté de 18 % depuis 2008. Ceci a causé la chute de la banque SNS Reaal, nationalisée en urgence en février 2013. Mais pour les autres indicateurs, Rabobank ne s'en sort pas trop mal et a résisté à la tentation d'aller chercher du rendement en accumulant des dettes des pays de l'Europe du Sud.

La banque garde en outre la faveur des agences de notation malgré la récente perte de son triple A par les Pays-Bas et elle reste l'une des banques les mieux notées, apparaissant à la dixième place du classement de *Global Finance*.

La fin de l'année 2013 a cependant été entachée par le paiement d'une amende de 325 M$ dans le cadre de la manipulation du Libor et l'inculpation de trois anciens courtiers par la justice américaine.

Critère d'appréciation	Mesure	Source
Rentabilité (PNB sur charges d'exploitation). Le plus gros le mieux sur une échelle de 1,21 à 2,24.	1,53	*Rabobank Group Investor Presentation 2013*
Levier (engagements rapportés aux fonds propres). Le plus petit le mieux sur une échelle de 41,5 à 4,5.	17,2	*Rabobank Group Investor Presentation 2013*
Risque (créances douteuses rapportées aux fonds propres). Le plus petit le mieux sur une échelle de 81 % à 3 %.	16,7 %	*Rabobank Group Investor Presentation 2013*
Liquidité (dépôts de la clientèle sur crédits commerciaux). Le plus gros le mieux sur une échelle de 0,48 à 3,22.	0,75	*Rabobank Group Investor Presentation 2013*

- **ING – 816 Mds€**

La banque a fait l'objet d'un preste renflouement en 2009, les Pays-Bas la délestant d'encombrants crédits *subprime* américains. Si, contrairement à Rabobank, ING est moins engagée dans l'immobilier d'Europe du Nord, elle détient encore un portefeuille significatif de titres immobiliers d'Europe du Sud (Italie, Espagne) et est vulnérable à une dislocation de la zone euro en raison de son portefeuille d'obligations d'entreprises.

Critère d'appréciation	Mesure	Source
Rentabilité (PNB sur charges d'exploitation). Le plus gros le mieux sur une échelle de 1,21 à 2,24.	1,36	Rapport annuel 2012
Levier (engagements rapportés aux fonds propres). Le plus petit le mieux sur une échelle de 41,5 à 4,5.	24,3	Autorité bancaire européenne (EBA), 2e trimestre 2013
Risque (créances douteuses rapportées aux fonds propres). Le plus petit le mieux sur une échelle de 81 % à 3 %.	32,5 %	Rapport annuel 2012
Liquidité (dépôts de la clientèle sur crédits commerciaux). Le plus gros le mieux sur une échelle de 0,48 à 3,22.	0,89	Rapport annuel 2012

- **KBC – 225 Mds€**

KBC s'est fortement dégraissé, diminuant ses engagements de 28 % entre 2009 et 2012 et sabrant dans tout ce qui était risqué : obligations des pays du sud de l'Europe et de l'Irlande, produits titrisés, diminution de ses survaleurs et nombreuses provisions, notamment pour l'Irlande fin 2013... Début 2014, ce « bancassureur » s'est offert le luxe de rembourser par anticipation une partie de l'argent (7 Mds€) reçu des contribuables de la Flandre et de la Belgique en vantant son niveau de capitaux propres ; son directeur général, Johan Thijs, estime que KBC se situe « parmi les établissements financiers européens les mieux capitalisés et les plus liquides ». Il ne lui reste désormais plus que 2 Mds€ à rembourser d'ici à 2020.

En début d'année 2014, la banque belge jusque-là épargnée par les scandales, est cependant mise sur la sellette pour avoir fait transiter 1 000 Mds€ en deux ans par plusieurs paradis fiscaux. Désargentées, les démocraties européennes n'aiment pas qu'on se serve de places financières opaques qui ignorent superbement l'impôt.

La rentabilité a souffert de la politique très prudente de provisions, le levier est encore élevé et le niveau de risque donne des frissons, mais le ratio de liquidité est excellent et partant du principe que « chat échaudé craint l'eau froide », la banque devrait arriver à se tenir à l'écart des dangers.

Critère d'appréciation	Mesure	Source
Rentabilité (PNB sur charges d'exploitation). Le plus gros le mieux sur une échelle de 1,21 à 2,24.	1,62	Rapport annuel 2012
Levier (engagements rapportés aux fonds propres). Le plus petit le mieux sur une échelle de 41,5 à 4,5.	19,98	Résultats 3e trimestre 2013
Risque (créances douteuses rapportées aux fonds propres). Le plus petit le mieux sur une échelle de 81 % à 3 %.	56,7 %	Rapport annuel 2012

Critère d'appréciation	Mesure	Source
Liquidité (dépôts de la clientèle sur crédits commerciaux). Le plus gros le mieux sur une échelle de 0,48 à 3,22.	1,27	Rapport annuel 2012

Au cas où ça chaufferait vraiment en zone euro

Attention, en tant que résident français, vous êtes tenu de déclarer au fisc français tout compte ouvert à l'étranger, même en zone euro.

Dans le cas d'un scénario d'éclatement de l'euro et de retour aux monnaies nationales, la première idée qui se présente à l'esprit consiste à se réfugier dans une banque allemande en espérant voir son dépôt converti en marks plutôt qu'en francs nouveaux. Hélas, c'est une fausse bonne idée. En premier lieu, les banques allemandes ne sont pas en meilleure forme que les banques françaises. Deutsche Bank est la championne des produits dérivés. En deuxième lieu, certes, si l'euro se disloquait, le nouveau mark serait la monnaie forte de l'Europe et l'euro-franc serait probablement dévalué de 20 à 25 %. Mais il est très probable aussi que les dépôts des non-résidents seraient automatiquement convertis dans la monnaie nationale de résidence du déposant non-résident. Donc si vous avez un dépôt dans une banque allemande et que vous êtes résident français, votre dépôt sera converti en euro-francs. Il faut donc trouver des solutions hors zone euro avant mise en place de mesures répressives de contrôle de circulation des capitaux.

Une tête de pont sulfureuse, la HSBC – Bilan : 2 500 Mds£

La crise a fait des ravages dans les banques britanniques en 2008. Trois banques se sont cependant débrouillées seules dans la tourmente et ont échappé à la faillite ou à la nationalisation sauvage : Barclays, HSBC et Standard Chartered. Les deux premières défraient la chronique des affaires et scandales. HSBC est un énorme établissement à la réputation sulfureuse, mais qui pourrait ne pas manquer pas d'atouts.

Critère d'appréciation	Mesure	Source
Rentabilité (PNB sur charges d'exploitation). Le plus gros le mieux sur une échelle de 1,21 à 2,24.	1,59	Rapport annuel 2011
Levier (engagements rapportés aux fonds propres). Le plus petit le mieux sur une échelle de 41,5 à 4,5.	17,3	Communication financière, 2e trimestre 2013
Risque (créances douteuses rapportées aux fonds propres). Le plus petit le mieux sur une échelle de 81 % à 3 %.	16,2 %	Rapport annuel 2011
Liquidité (dépôts de la clientèle sur crédits commerciaux). Le plus gros le mieux sur une échelle de 0,48 à 3,22.	1,34	Rapport annuel 2012

Un des attraits principaux de la HSBC réside dans sa diversification géographique (HSBC signifie Hong Kong and Shanghai Bank Corporation) avec des activités réparties pour un tiers en Europe, pour un tiers aux États-Unis et pour un tiers en Asie.

La banque n'a pas à redouter un abaissement de la notation du Royaume-Uni et elle a déjà pratiqué des réévaluations substantielles de son passif. Malgré les affaires (tromperie sur crédit *subprime*, manipulations de taux, scandales de *trading*, Forex) HSBC est plus loin des éventuelles turbulences de l'euro. Mais depuis la fin de 2013, HSBC est dans le collimateur de la Financial Conduct Authority britannique pour manipulation sur le Forex, le marché des changes étant historiquement un des points forts de cette banque. Elle a déclaré qu'elle coopérerait pour l'enquête.

HSBC mène un dégraissage à vive allure (fermeture ou cession d'une soixantaine d'activités depuis 2011, départ de 46 000 collaborateurs) et provisionne sagement pour ses différents litiges. Elle réussit néanmoins à afficher un produit net bancaire stable et des résultats en hausse (+ 28 % au troisième trimestre 2013).

Compte tenu de sa présence mondiale, vous pouvez vous en servir en France (ce n'est pas à l'étranger, donc), mais aussi comme tête de pont pour sortir de la zone euro en ouvrant un compte dans une autre devise au Royaume-Uni (à l'étranger cette fois). Attention cependant, l'exposition en Asie qui était un atout peut vite se retrouver un inconvénient. Le marché interbancaire chinois s'est déjà gelé deux fois en juin 2013 et en décembre 2013. Ces premières alertes n'ont pas été prises au sérieux par les marchés. Mais l'exposition de la HSBC aux produits titrisés chinois est mal connue. La HSBC présente donc des ratios intéressants mais demande de la vigilance.

Banques suisses

La conseillère fédérale (ministre des Finances) Eveline Widmer-Schlumpf se demandait fin 2013 si la base de fonds propres des banques ne devait pas être renforcée. Elle indiquait que le taux actuel de 4,5 % devrait être porté à 6 % ou 10 %. « Les banques doivent être organisées de telle sorte que l'État ne soit pas obligé d'intervenir en dernier ressort. »[110] Pas très rassurant… L'UBS est de presque tous les scandales et, tout comme le Crédit suisse, ne présente pas de ratios très affriolants avec des leviers respectifs de 26,9 et 26,2. Tant qu'à faire, évitez ces « banques systémiques » et préférez Pictet ou Lombard Odier.

Ces deux banques genevoises sont réputées pour leur indépendance. Attention, elles viennent de changer de statut. Ce ne sont plus des sociétés de personnes mais deviendront des sociétés en commandite par actions. Ceci signifie que les dirigeants, qui étaient indéfiniment responsables et pouvaient perdre la totalité de leur patrimoine privé en cas de mauvais choix d'investissement avec l'épargne de leurs clients, ne le sont plus. Dans une société en commandite par actions, les associés ne donnent plus en garantie l'ensemble de

110 *Schweiz am Sonntag*, 3 novembre 2013.

leur fortune, mais seulement leur apport en capital. Restons toutefois objectifs : tout ou partie de la fortune privée des dirigeants associés est investi(e) dans l'établissement bancaire.

Les dirigeants de Pictet se sont justifiés : « La forte croissance qu'a connue le Groupe Pictet au cours des vingt dernières années a entraîné à la fois une internationalisation et, en complément du métier traditionnel de la gestion privée, une importante diversification de ses activités, avec notamment l'essor de la gestion institutionnelle, de la vente de fonds de placement et des prestations de banque dépositaire. »

• **Pictet** est spécialiste de la gestion privée depuis plus de deux cents ans avec une offre de services variée. Elle gère ses propres fonds (Pictet Asset Management) et pratique aussi la gestion alternative (fonds de couverture, spéculatifs). Pictet Alternative Investments (PAI) a été créé au début des années 1990 avec comme mission la *due diligence* (recherche d'information pour éviter un Madoff) et la sélection de gérants de *hedge funds* et de *private equity*, aussi bien pour ses clients que pour ses propres fonds.

• **Lombard Odier** est dirigée par sept associés et se concentre sur le conseil et la gestion de patrimoine intégrant l'ensemble des expertises financière, fiscale et patrimoniale. La banque a aussi une clientèle institutionnelle avec une gestion de fonds traditionnels et alternatifs.

Évidemment, en déclarant un compte en Suisse, vous risquez d'attiser la curiosité du fisc et de perdre du temps à devoir vous justifier. Autre solution, allez chasser dans le nord.

Banques scandinaves

La Norvège est en proie à une bulle immobilière qui n'a pas dégonflé. Le gouvernement élu en 2013 veut empêcher son éclatement (la banque Nordea prévoit un recul des prix de l'immobilier de 20 %) et autorise les banques à prêter jusqu'à 90 % de la valeur d'un bien.

Il vaut donc mieux mettre le cap sur la Suède, qui au contraire lutte contre sa bulle immobilière et entend demander à ses banques de renforcer leurs fonds propres. Svenska et Swedbank sont recommandables mais, attention, il vous faudra parler anglais.

- **Svenska – Bilan : 2,5 Mds de couronnes suédoises (282 M€)**

Critère d'appréciation	Mesure	Source
Rentabilité (PNB sur charges d'exploitation). Le plus gros le mieux sur une échelle de 1,21 à 2,24.	2,15	*Interim results 9M-13*
Levier (engagements rapportés aux fonds propres). Le plus petit le mieux sur une échelle de 41,5 à 4,5.	24,5	*Interim results 9M-13*

Critère d'appréciation	Mesure	Source
Risque (créances douteuses rapportées aux fonds propres). Le plus petit le mieux sur une échelle de 81 % à 3 %.	3,3%	*Interim results 9M-13*
Liquidité (dépôts de la clientèle sur crédits commerciaux). Le plus gros le mieux sur une échelle de 0,48 à 3,22.	0,48	*Interim results 9M-13*

Le seul mauvais indicateur est la liquidité, mais il est compensé par une excellente rentabilité, des risques très faibles et un levier pas trop excessif.

Svenska opère essentiellement en Suède (70 % de l'encours de ses prêts), mais se diversifie en Norvège et au Royaume-Uni. En 2011, au plus fort de la crise de l'euro, Svenska réussissait à emprunter de l'argent dans de bonnes conditions.

- **Swedbank – Bilan : 1,83 Mds de couronnes suédoises (206 M€)**

Critère d'appréciation	Mesure	Source
Rentabilité (PNB sur charges d'exploitation). Le plus gros le mieux sur une échelle de 1,21 à 2,24.	2,24	*Interim results 9M-13*
Levier (engagements rapportés aux fonds propres). Le plus petit le mieux sur une échelle de 41,5 à 4,5.	21,1	*Interim results 9M-13*

Critère d'appréciation	Mesure	Source
Risque (créances douteuses rapportées aux fonds propres). Le plus petit le mieux sur une échelle de 81 % à 3 %.	10 %	*Interim results 9M-13*
Liquidité (dépôts de la clientèle sur crédits commerciaux). Le plus gros le mieux sur une échelle de 0,48 à 3,22.	0,50	*Interim results 9M-13*

Des ratios assez similaires à ceux de sa grande sœur, mais avec un effet de levier plus favorable puisque moindre.

Comment ouvrir un compte dans une banque européenne ou de l'Union européenne

Tout citoyen d'un pays de l'Union européenne peut ouvrir un compte bancaire dans un autre pays européen. Cependant, les modalités d'ouverture d'un compte ne sont pas fixées par la législation communautaire et chaque État membre dispose donc de règles propres.

Aucun pays de l'Union européenne n'autorisant de compte anonyme, vous aurez à présenter des justificatifs d'identité, de domicile, de situation bancaire.

Depuis le 1er juillet 2002, les frais bancaires prélevés pour des retraits effectués à des distributeurs, opérations par carte bancaire et virements transfrontaliers en euros sont égaux à ceux facturés pour des transactions domestiques similaires. Cette égalité de traitement s'applique dans tous les États membres de l'UE sur les frais prélevés pour les retraits aux distributeurs automatiques et pour les paiements par carte bancaire ou par virement jusqu'à 50 000 €. Ces règles s'appliquent également aux paiements et virements transfrontaliers opérés en couronnes suédoises. En revanche, elles n'ont pas été étendues aux paiements et virements transfrontaliers en livres sterling. Depuis le 1er janvier 2008, le système de virement bancaire au sein de l'UE est simplifié avec le lancement des instruments du SEPA (*Single Euro Payments Area* – espace unique de paiement en euros).

Comment ouvrir un compte dans une banque extra-européenne

Dans la plupart des cas, il faudra prévoir de vous déplacer physiquement. Le compte bancaire anonyme est un mythe. On vous demandera donc l'origine des fonds, des justificatifs, pièces d'identité, etc.

Affiliation des banques en ligne

> ING direct : filiale de ING Bank NV
>
> Boursorama : filiale de la Société générale
>
> Monabanq : filiale du Crédit mutuel – CIC
>
> La Net Agence : filiale de BNP Paribas

Fortuneo Banque : filiale du Crédit mutuel ARKEA

Agence Directe : filiale de Société générale

e.LCL : filiale de LCL

Cortal Consors : filiale de BNP Paribas

Si votre banque ne figure pas dans ces pages

Vous pouvez faire une recherche sur Internet avec les mots-clés suivants : « banque X document de référence ». Le document de référence est un texte légal qui contient des informations présentées selon les normes comptables internationales, ce qui facilite les comparaisons. Il vous permettra de construire les cinq ratios présentés. N'hésitez pas ensuite à demander un rendez-vous pour vous faire commenter le bilan de votre banque. Après tout, il s'agit de votre argent et, en tant que déposant avec un solde créditeur moyen positif, vous êtes plus qu'un client de votre banque, vous êtes un prêteur.

Le ratio de risque présenté dans ces pages – qui compare les créances douteuses aux fonds propres – ne donne aucune clé concernant la gestion sur le terrain de ces risques. Un fort ratio de risque peut être compensé par une politique de robustes provisions pour créances douteuses (et inversement, un ratio de risque peu élevé n'est pas une garantie absolue). Il est normal que des banques qui prêtent aux PME et TPE et conservent leurs risques en interne puissent avoir un ratio de risque élevé puisque nous vivons une crise profonde. L'important est de savoir ce qui a été mis de côté pour faire face au pire.

Vos produits d'épargne les plus vulnérables

- Tout ce qui est indexé sur des *fixings* que contrôlent les banques (l'Euribor pour l'euro et le Libor pour la livre ou le dollar).
- Les instruments à base de produits dérivés complexes, tels que les fonds à garanties de performances, les fonds ou OPCVM indexés sur la performance d'un panier d'actions, les produits à coupon périodique versé à condition qu'un indice de référence ne baisse pas de plus de X %.
- Soyez conscient que tout rendement supérieur à 2,5 % comporte de gros risques.

Maintenant, je vous propose de vous pencher sur une autre question : la « débancarisation » de votre épargne. En effet, une partie de celle-ci peut se loger hors banque ou même hors circuit financier.

9

Comment vous protéger et vous « débancariser », épargner sans passer par votre banque

Gardez avec grand soin ce qu'on ne peut vous rendre.
Étienne Pavillon, 1632-1705

Où le lecteur avisé et tenace apprendra que son épargne peut aussi être abritée en dehors du réseau bancaire, mais il faudra vaincre certaines réticences. Car un banquier déteste voir de l'argent partir… Évidemment, rien n'est simple et il n'existe aucune solution miracle, d'ailleurs, elle serait immédiatement taxée. La première des sécurités reste la diversification.

Les banques ne sont toujours pas saines, votre argent n'y est pas en totale sécurité puisqu'une banque n'est pas un service de coffres-forts. Les produits financiers qu'elles vous proposent ne vont pas nécessairement dans le sens de votre intérêt, les rendements sont mauvais ou bien ne vous paient pas de vos risques réels.

Autant de bonnes raisons de ne pas laisser toute

votre épargne dans le réseau bancaire et d'essayer d'aller trouver mieux ailleurs. Attention toutefois, si vous voulez transférer de l'argent ailleurs, votre vie ne sera pas nécessairement un long fleuve tranquille. Toute personne qui souhaite prendre un peu de distance avec le système bancaire se retrouve vite soupçonnée de fraude fiscale, voire de blanchiment. Le simple fait de payer en espèces vous fait soupçonner d'être un acteur de l'économie souterraine. Il est vrai que l'État et les banques ont un intérêt commun : vous faire rester dans le système. Les banques pour pouvoir continuer à exploiter votre argent, l'État pour le taxer, et l'avoir à disposition en cas de besoin. Il ne vous a pas échappé que l'État avait besoin d'argent, de beaucoup d'argent. L'évasion fiscale, qui n'était qu'un délit, devient désormais un crime. En matière fiscale, vous pouvez pécher par omission et par action. Y aura-t-il bientôt un péché fiscal en pensée ? Les gouvernements aimeraient bien.

Quoi qu'il en soit, envisager de moins passer par sa banque est devenu suspect dans un pays où les paiements par carte représentent 50 % des transactions de plus de 30 €. En voulant être hors circuit bancaire, vous devenez coupable de velléités de ne pas vouloir vous laisser tondre sans préavis si les circonstances l'exigeaient, ou même de favoriser l'économie souterraine. « Les Français basculent dans le black », titrait un article en ligne[111] datant du 30 octobre 2013. Le

111 http://www.atlantico.fr/decryptage/inquietude-banque-france-hausse-nombre-billets-en-circulation-francais-basculent-dans-black-jean-marc-sylvestre-884942.html

site Atlantico, par la plume (ou plutôt la souris) de Jean-Marc Sylvestre, remarquait que la Banque de France avait dû imprimer 20 % de billets de 20 € et 50 € en plus. « Pour tous les économistes, c'est évidemment le premier marqueur de développement d'une économie souterraine, d'un marché noir. L'évolution est particulièrement évidente dans le commerce de détail, dans la distribution de carburant, dans la restauration, la réparation automobile ou encore le bâtiment », concluait l'auteur. Quelques jours plus tard, la Banque de France démentait, indiquant que sa production anormale provenait de la préparation au changement de ces billets dont elle détient le monopole de fabrication pour la zone euro. Quoi qu'il en soit, cette anecdote est révélatrice de l'état d'esprit des autorités. Ne pas faire confiance aux banques, c'est vouloir basculer dans l'illégalité.

Comment votre conseiller financier se transforme en mouchard

Plus grave est le changement de mode de fonctionnement de Tracfin[112], la cellule luttant contre le blanchiment d'argent, donc en principe plutôt les mafieux soucieux de discrétion quant à leur patrimoine. Tracfin est saisie par votre banque. Auparavant, la cellule examinait la déclaration de soupçon émise par la banque et effectuait une enquête à l'issue de laquelle Tracfin déférait ou non le dossier au parquet. Ensuite, ce der-

112 Traitement du renseignement et action contre les circuits financiers.

nier décidait de la suite à donner à cette affaire : classement sans suite, poursuites pénales ou éventuellement fraude fiscale et transmission au service concerné pour redressement. Désormais[113], Tracfin tranche elle-même ; si le dossier est de type mafieux, elle l'envoie au parquet ; si le dossier lui paraît purement fiscal, elle le transmet directement à Bercy sans passer par le filtre judiciaire du parquet. Avouez que la différence est de taille. Donc, si vous ne voulez pas retrouver votre nom mêlé au grand banditisme, au terrorisme ou tout simplement avoir un contrôle fiscal sur le dos, nous allons voir quelques précautions à prendre vis-à-vis de votre banque.

Auparavant, vous devez savoir que les banques françaises ne sont (n'étaient ?) pas les plus méchantes dans ce domaine. Chaque pays a son Tracfin et ces organismes signent des accords de coopération. Le déclenchement des alertes en amont, dans votre banque, se fait d'abord automatiquement à l'aide de logiciels spécialisés. Si les banques américaines, par exemple, envoient systématiquement leurs alertes, les banques françaises passent en général par une enquête interne et choisissent de transmettre ou non. Ce choix est fait au siège par une antenne du service juridique ou de contrôle des risques. Les logiciels fonctionnent par profilage d'une personne, exactement comme les logiciels de marketing. Votre banque sait par exemple que vous avez un enfant de 16 ans et va vous pousser une offre d'assurance pour deux-roues. Mais elle sait

113 Article L.561-29 du Code monétaire et financier.

aussi que vous êtes un cadre et que les gens qui ont un salaire similaire au vôtre se comportent en moyenne d'une certaine façon pour leurs retraits, leurs dépôts d'espèces, leurs virements, etc. Il y a donc un profilage, un paramétrage des alarmes, dans une optique de « LAB » (lutte anti blanchiment). Tout mouvement qui s'écarte de la moyenne de votre profil fera remonter une alerte. Votre conseiller enquêtera et si votre réponse ne lui paraît pas claire, vos ennuis commenceront (mais vous ne le savez pas, car vous n'êtes pas prévenu). Un « SAR » (*Suspicious Activity Report*) va être envoyé à Tracfin, ce qui ne veut pas dire que l'opération (virement, retrait) que vous avez demandée sera refusée.

Voici quelques précautions utiles pour vous éviter des ennuis :

- Ne changez pas d'habitudes bancaires.
- Évitez les retraits en espèces supérieurs à 5 000 €.
- Évitez les dépôts en espèces supérieurs à 2 500 €.
- Ne pratiquez pas d'opérations répétées en deçà de ces seuils.
- Ne passez pas la frontière française avec plus de 7 000 €.
- Évitez les nantissements bizarres adossés à des avoirs à l'étranger.

- N'achetez pas fréquemment de cartes préchargées (même si c'est pour vos incorrigibles ados !).

Une fois que vous savez cela, sachez que vous pouvez cependant stocker de l'argent hors banque, mais autrement que sous votre matelas.

Comment « débancariser » vos liquidités

Autant le dire clairement, les moyens d'avoir des liquidités disponibles hors du système bancaire sont malgré tout assez réduits. En voici quelques-uns pour abriter quelques liquidités. Il ne s'agit pas d'épargne, simplement de solutions en dehors du système bancaire, mais qui vous permettent cependant de dépenser facilement votre argent ainsi mis à l'abri.

Paypal : pour vos achats en ligne, mais vous devez déclarer votre compte !

Dans mes précédents livres, j'ai indiqué qu'une des façons de se débancariser consistait à avoir un compte PayPal. Il ne s'agit pas d'entreposer de grosses sommes de cette façon, mais plutôt de s'assurer d'avoir un matelas de liquidités disponible en cas de blocage du système bancaire classique. Mais le tribunal administratif de Pau a condamné à 1 500 € d'amende un particulier qui n'avait pas déclaré son compte. En effet, si vous êtes résident en France, un compte PayPal est assimilé à un compte à l'étranger puisque le siège de PayPal est au Luxembourg. C'est évidemment, une interprétation très large de l'article 344 A de l'annexe II du Code général des impôts. Mais vous savez que Bercy a besoin de faire feu de tout bois... Le ministère de l'Économie a cependant par la suite indiqué que cette obligation de déclaration ne serait valable que si le compte PayPal servait à encaisser des recettes ou s'il disposait d'un solde positif. Quoi qu'il en soit, ceci confirme que les énarques de Bercy n'aiment visiblement pas que l'argent quitte les banques de leurs camarades du privé.

Les banques sont d'ailleurs récemment venues chasser sur le terrain de PayPal avec Paylib, une initiative commune de BNP Paribas, de la Société générale et de la Banque postale. Avec ce portefeuille électronique destiné à régler des achats sur Internet, « c'est votre banque qui paie, ce n'est pas un prestataire intermédiaire », indique la Banque postale. En réalité, c'est surtout votre argent qui reste dans le système.

Paypal, en revanche, vous permet donc toujours de conserver du cash en dehors du système bancaire, cash qui pourra être utilisé pour régler des commerçants en ligne, même en cas de paralysie temporaire du système pour cause de chypriotisation.

Bitcoin : une étrange monnaie pour *geek* ou pour narcotrafiquant ?

« *Bitcoin* constitue les prémices de quelque chose

de grand : une monnaie sans gouvernement, quelque chose de nécessaire et d'impératif. »[114]

« *Bitcoin* est peut-être la technologie de rupture la plus radicale qui ait été inventée. Ce pourrait être le plus grand événement financier depuis l'or. Rien de tel ne s'est passé depuis 6 000 ans – une toute nouvelle sorte de devise… en mieux ! »[115]

Bitcoin est une expérience de monnaie libre, mais qui ne repose sur rien, comme les monnaies fiduciaires que nous utilisons quotidiennement. C'est une monnaie électronique conçue en 2009 par un certain Satoshi Nakamoto dont l'existence n'est même pas certaine. Derrière cette monnaie se cacherait plutôt un collectif. Des *bitcoins* sont créés et émis automatiquement selon un algorithme programmé. Le nombre de *bitcoins* en circulation ne dépassera jamais 21 millions, quantité qui devrait être atteinte aux environs de 2040. Contrairement à ce que font les banques centrales, le programme d'émission du *bitcoin* se ralentit donc dans le temps.

La valeur du *bitcoin* est déterminée par la demande et l'usage qui en est fait. Mais à quoi cela peut-il bien servir, vous demandez-vous ? Supposons qu'habitant en zone euro, vous vouliez transférer 1 000 $ aux États-Unis à un proche. Si vous passez par votre banque, vous aurez des frais de transfert et des frais

---

114 Nassim Taleb, auteur du *Cygne Noir* et d'*Antifragile,* éditions Les Belles Lettres.
115 Bill Bonner, La Chronique Agora.

de change. Si vous achetez des *bitcoins* en euros et que vous les transférez par Internet à votre proche, qui les vendra en dollars, le tour est joué, sans frais de change et sans commission. Inutile de vous dire que ni les banques ni les autorités n'apprécient cette monnaie et que les grandes manœuvres ont commencé pour tenter d'en reprendre le contrôle. D'autant plus que ce qui n'était qu'un phénomène marginal s'est brutalement intensifié à la fin de l'année 2013. La totalité des *bitcoins* en circulation valait 15 Mds$ en décembre, avec plus 12 millions d'unités et 25 millions de transactions par jour. Bigre ! *Bitcoin* menaçant les monnaies à cours légal ?

Toujours pragmatique, l'Allemagne a fait savoir qu'elle taxerait les transactions en *bitcoins* (il faut bien récupérer de la TVA) et qu'elle reconnaît cette monnaie privée. Les États-Unis observent et ripostent. Une plateforme d'échange électronique a été démolie au motif qu'elle abritait des transactions mafieuses (selon la vieille politique qui veut que, lorsqu'on souhaite abattre son chien, on déclare qu'il a la rage). Interdire ou taxer ? Les autorités et les gouvernements, perplexes, hésitent encore.

Est-ce utile pour vous ? *Bitcoin* possède deux des trois fonctions d'une monnaie : c'est un instrument d'échange et c'est un instrument comptable. Il lui manque évidemment la troisième fonction, essentielle pour nous particuliers, celle de réservoir de valeur. Adossé à rien, le *bitcoin* n'a qu'une valeur d'usage.

C'est une spéculation tentante sur la bêtise des autorités manipulatrices de monnaies, puisque le *bitcoin* est en quantité finie et limitée et que les autres monnaies sont actuellement créées en abondance par les banques centrales. Mais pour que cette spéculation soit gagnante, il faudrait que le *bitcoin* rencontre un succès populaire. Par ailleurs, cette monnaie n'existe que si les grands réseaux informatiques fonctionnent correctement et on peut supposer que si un grand pays comme les États-Unis mobilisait toutes ses ressources informatiques, il arriverait à casser l'algorithme.

Le *bitcoin* est aujourd'hui plus un gadget de technophile qu'un moyen robuste et éprouvé de stocker de la valeur. Ne l'utilisez que pour des paiements courants ou des transferts, et comme diversification pour abriter de petites sommes ou si l'envie de spéculer contre les monnaies classiques vous démange. Et ayez une gestion informatique très rigoureuse si vous ne voulez pas que votre portefeuille électronique soit victime de pickpockets hackers ou que vos *bitcoins* s'évanouissent à la mort d'un disque dur.

VeraCarte : de l'or en carte à puce

L'or n'est la dette de personne et il n'a probablement pas dit son dernier mot dans cette crise, dont le dernier volet sera monétaire. Après dix années de hausse continue, l'or a perdu près d'un tiers de sa valeur en 2013. Mais si la crise se ravive, il flambera à nouveau. Évidemment, le marché de l'or est déjà très réglementé, la détention d'or pénalisée fiscalement dans la plupart des pays et il est difficile de payer ses achats en or. La société française de négoce d'or AuCoffre.com propose, en partenariat avec MasterCard, une carte de paiement adossée à votre réserve d'or physique. La partie carte de paiement et transactions est gérée par MasterCard. La partie achat d'or physique, stockage et conversion en devises est assurée par AuCoffre.com, le plus gros site Internet d'achat et de vente d'or en France.

Concrètement, vous virez une somme d'argent sur votre compte VeraCarte depuis votre compte en banque. Au moment où votre compte VeraCarte est crédité, la somme est convertie en or physique au cours comptant du moment du virement. L'unité comptable est le gramme d'or (environ 40 €). L'or qui vous est alloué est conservé dans la zone franche de Genève. Votre solde créditeur va ensuite fluctuer au rythme du cours de l'or.

L'or vous appartient réellement et non pas à la société AuCoffre.com ; en cas de faillite de cette dernière, la contrepartie en or de votre compte vous serait restituée. Sachez aussi que le système est assez communautaire et que ses membres souhaitent faire pratiquer un audit des stocks d'or par une association constituée, initiative soutenue par AuCoffre.com.

Vous pouvez régler vos achats ou retirer de l'argent dans un distributeur comme avec n'importe quelle carte MasterCard. À chaque dépense, la somme correspondante est reconvertie en grammes d'or au cours de l'or au moment du débit et, en même temps, cette masse est retranchée de votre compte en or. Dans la limite de 5 000 € de dépenses par mois et dans l'état actuel de la fiscalité, cette solution est fiscalement neutre.

Les frais sont plus élevés que dans le système bancaire traditionnel (110 € par an pour la carte et des frais de transaction de 3 %), à comparer avec la location d'un coffre dans le système bancaire. En échange, vous avez un compte en or avec des achats et ventes au meilleur prix du marché et une carte de paiement indépendante du circuit bancaire.

Approvisionnez votre compte dans les moments où le cours de l'or est déprimé. Puis faites vos achats lorsque le cours de l'or remonte.

Comment « débancariser » votre épargne

Vos liquidités – l'argent que vous gardez disponible et que vous vous réservez le droit de dépenser quand bon vous semble – sont un moyen de vous protéger d'un accident de votre banque. L'autre moyen est votre épargne longue. Celle-ci peut être financière (actions, obligations) ou non financière (immobilier, foncier). D'une façon générale, votre épargne financière est dans le système bancaire, que vous ayez des livrets ou un PEA (plan d'épargne en actions), sauf si vous avez un courtier ou *broker* indépendant. La seule chose qui s'en éloigne un peu est l'assurance-vie, puisqu'un assureur n'est pas une banque et est soumis à une autre réglementation.

Ceci posé, un autre aspect de la question est le rendement de votre épargne, soumise à ce que les autorités appellent la « répression financière ». Ce terme désigne tout à la fois des taux d'intérêt très bas, sans aucun rapport avec le risque encouru, et en même temps des mesures de captation de votre argent pour l'attirer vers les emprunts d'État. Aujourd'hui, vous avez un risque maximum puisque des États souverains des pays développés peuvent faire faillite, comme l'ont montré la Grèce, l'Irlande, l'Islande, le Portugal, l'Espagne... Et vous avez un rendement minimum, car les banques centrales maintiennent des taux courts artificiellement bas.

Pour parler clairement, le marché obligataire est truqué. Il est naturellement régi par deux principes très simples :

- Plus un prêt est risqué, plus le prêteur en « veut pour son argent », plus le taux est élevé. C'est ce que recouvre l'expression « rendement risque ».

- Plus l'argent est abondant, plus il y a de prêteurs et donc d'offre, moins les taux sont élevés. C'est la classique loi de l'offre et de la demande. Plus il y a d'offre, plus les prix baissent.

Presque tous les prêts sont devenus risqués. Il y a trop de dettes, tout le monde feint de croire qu'un jour elles pourront être remboursées, mais tout le monde sait aussi très bien que ce ne sera jamais le cas. Les taux devraient monter pour compenser le risque, mais ce n'est pas ce que nous voyons.

L'explication est très simple. Les banques centrales émettent de l'argent pour faire croire qu'il est abondant. Cette émission monétaire crée l'illusion qu'il y a des prêteurs en grand nombre et que l'offre d'argent est abondante, mais c'est de l'argent surgi du néant qui ne correspond à rien de réel. Ce faux argent fait baisser les taux et empêche la hausse naturelle qui se produirait autrement au vu des risques. Les banques centrales camouflent ainsi l'insolvabilité de nombreux intervenants sur les marchés. Votre assurance-vie ou votre livret « super boosté » vous rapportent moins de 3 % et affichent des rendements en baisse depuis la crise, alors qu'au contraire, les risques ayant augmenté, ils devraient vous rapporter plus.

Mais malgré tout, pour vous attirer vers ces supports, le deuxième volet de la répression financière consiste à matraquer fiscalement les autres investissements. C'est ainsi que la fiscalité sur les actions, les plus-values, l'immobilier, a été durcie tandis que celle sur les livrets A a été assouplie (par l'augmentation du plafond décidée par le gouvernement). Les obligations sont donc plus dangereuses que ne le laisse croire leur rendement.

Malgré ce constat, il existe une règle pour votre épargne à laquelle il faut ne jamais déroger : la diversification. C'est une règle sacro-sainte, même si aujourd'hui la plupart des marchés varient dans le même sens en même temps. Par exemple les prix des actions, des obligations et de l'immobilier ont été orientés à la hausse en même temps entre 2003 et 2008. Les trois grands marchés – obligataire, des actions et immobilier – se sont retrouvés à l'unisson.

Avant de voir plus précisément comment « débancariser » votre épargne, je vous propose de voir comment sont susceptibles d'évoluer les principales classes d'actifs (obligations, actions, immobilier et foncier), à moyen terme, c'est-à-dire d'ici un à cinq ans.

Pourquoi vous devriez éviter la plupart des obligations

La particularité des obligations est que leur prix varie dans le sens inverse des taux. Lorsque les taux montent, le prix des vieilles obligations, qui ont été émises à des taux plus faibles, baisse. Supposons qu'un compte rémunéré vous rapporte 3 % par an si vous acceptez de bloquer une certaine somme durant dix ans. Un jour, quelqu'un vous propose un compte rémunéré à 5 %, toujours pour une durée de dix ans. Vous allez vouloir lâcher votre vieux compte pour prendre le nouveau qui rapporte plus. Avec les obligations, c'est exactement la même chose. Donc, lorsque les taux montent, les détenteurs des vieilles obligations veulent s'en débarrasser et le prix de ces obligations baissent. Depuis presque trente-cinq ans, le prix des obligations a monté car les taux ont baissé. Les vieilles obligations, émises à un taux supérieur, étaient plus intéressantes que les nouvelles ; donc, lorsque quelqu'un voulait vendre son obligation en cours de vie, il pouvait la vendre un peu plus cher que le prix d'acquisition. En 1980, les taux avaient atteint 15 % aux États-Unis, puis ce fut une lente décrue sous l'effet de la mondialisation. Les pays émergents ont recyclé une partie de leurs excédents commerciaux en achetant la dette de leurs riches clients. Mais la vapeur est en train de s'inverser. Les riches clients occidentaux sont de moins en moins riches et de plus en plus endettés et, comme les pays émergents exportent moins, il y a moins d'argent à recycler. Parallèlement, il y a presque toujours autant de dettes émises par les États impécunieux. Moins d'argent pour acheter des obligations, mais autant d'offres par de nouvelles émissions vont conduire, comme on l'a vu, à des taux qui vont monter et des obligations qui vont baisser. Il est donc mauvais de laisser votre épargne captive du marché obligataire.

Mais ce n'est pas le seul problème de ce marché obligataire. Pour le comprendre, il faut parler « sensibilité », car oui, ces bouts de papier ont une sensibilité, voyez-vous. Si un taux passe de 2 % à 2,5 %, cela ne paraît pas à première vue une grande affaire. Mais c'est pourtant une augmentation de 25 %. C'est, sommairement, l'ampleur de cette variation que l'on appelle sensibilité. Plus les taux sont bas, plus une variation de ces taux, même faible en valeur absolue, a des conséquences importantes. Aujourd'hui, la plupart des obligations ont une forte sensibilité. Et qui dit sensibilité dit vulnérabilité ; comme vous le voyez, le marché obligataire est sentimental… Mettez-vous maintenant du côté de l'emprunteur qui voit la charge de son emprunt bondir de 25 % dans mon exemple. Là où ça passait, pour parler familièrement, ça ne passe plus, d'autant plus qu'il ne vous a pas échappé que les affaires ne sont pas spécialement florissantes. C'est pourquoi, lorsque les taux vont monter (car les banques centrales ne pourront pas tout racheter, ça deviendrait trop visible), les défauts vont se multiplier. En l'occurrence, c'est ce qui se produit déjà en Espagne.

Le cycle haussier des obligations (et baissier des taux) a duré trente-cinq ans, mais le balancier est en train de repartir de l'autre côté et le marché obligataire ne devrait pas vous offrir de perspectives florissantes à moyen terme. Cependant, vous ne devez pas non plus déroger à la sacro-sainte règle de diversification et détenir un peu d'obligataire, même si vous n'y consacrez qu'une petite partie de votre épargne disponible. Alors que faire ?

Vous pouvez tricher en vous intéressant au compartiment des obligations convertibles en actions. Ces obligations sont émises par de grandes entreprises et vous servent des intérêts supérieurs aux obligations d'État et aux livrets. À la date d'échéance, vous avez le choix soit de revoir votre capital soit de convertir votre obligation en actions. Si l'économie ne se porte pas mieux que maintenant, vous aurez perçu un meilleur rendement que ce que vous auriez eu avec un compte rémunéré et vous aurez récupéré votre capital. Si l'économie est repartie, les marchés actions devraient progresser en Europe et vous pourrez convertir votre obligation en actions pour percevoir un capital supérieur.

Dans son dernier livre[116], Nassim Taleb développe le concept d'« antifragile ». Est antifragile ce qui s'améliore avec le temps et avec les grands chocs. Pour ce spécialiste des options et de la finance, les obligations convertibles font partie des investissements antifragiles, car vous avez le choix, et vos chances de perdre sur deux tableaux – le côté obligataire et le côté actions – sont moindres que de perdre sur un seul tableau.

Vous pouvez acquérir ces obligations en direct au moment de leur émission au travers d'un courtier indépendant (voir plus loin) ou bien passer par un fonds. Comme les banques réduisent leurs prêts, les entreprises sont tentées de passer en direct par les marchés pour emprunter et près de 5 Ms€ d'obligations convertibles ont été émises en Europe à la fin de l'année 2013. Cependant, le choix n'est pas pléthorique (surtout si vous évitez les sociétés financières) et il faudra rester à l'affût des opportunités. L'inconvénient d'un fonds réside bien sûr dans les frais qui vont venir grever votre rendement. Mais vous aurez l'avantage d'avoir une répartition des risques (un fonds possède évidemment plusieurs obligations) et une gestion active. Le fonds Rothschild se spécialise dans les maturités moyennes et présente un bon historique de performance, avec les mêmes gérants aux commandes depuis longtemps. Si vous décidez d'investir en direct, prenez des obligations émises par des entreprises dans lesquelles vous ne verriez aucun inconvénient à être actionnaire. À l'inverse, évitez toutes les autres.

116 *Antifragile. Les dessous du désordre*, Les Belles Lettres, 2013.

Pour votre compartiment obligataire, préférez les obligations d'entreprises ou encore mieux les obligations convertibles en actions. Détenez-les au travers d'un courtier indépendant d'une banque ou bien, éventuellement, de votre contrat d'assurance-vie si vous en avez déjà un.

Quelles actions, pour combien de temps et comment ?

Premier constat, le leitmotiv préféré des conseillers financiers qui vous serinent que « avec les actions, on est toujours gagnant sur le long terme » a vécu. En 2000, le CAC40 culminait à 6 600 points et, quatorze ans plus tard, il en vaut 4 300. Pire encore, les actionnaires malheureux d'Alcatel ou de France Télécom attendent toujours leur retour sur investissement, ce qui fait mentir un deuxième adage boursier populaire : « qui n'a pas vendu n'a pas perdu ». Il y a des moments où, justement, il faut savoir vendre, ramasser ses miettes et tenter de se refaire une santé financière ailleurs. Évidemment, la meilleure façon de gagner de l'argent avec des actions est d'acheter bas pour revendre avec plus-value. Problème, aujourd'hui les actions sont chères si l'on en croit les bénéfices des entreprises. Car une action, c'est comme un fonds de commerce, ça se paye en fonction des bénéfices, de ce que crache la bête, ou plutôt de ce qu'on espère qu'elle va cracher dans le futur. Les actions se payent, fin 2013, environ 15 fois les bénéfices, c'est cher. C'est d'autant plus cher que les perspectives d'amélioration des bénéfices ne sont pas considérables. L'Europe est en mode croissance presque zéro. Celle des États-Unis reste insuffisante pour résorber véritablement le chômage. Celles des pays émergents sont très inférieures à ce qui prévalait avant crise. Pour que les bénéfices des entreprises puissent croître, il leur faut plus de clients et dégager de la marge. On ne peut pas dire que l'environnement actuel favorise ces deux aspects.

Faut-il donc abandonner tout espoir ? Non, évidemment. De tout temps, il y a eu des gagnants et des perdants, quelle que soit la situation. Simplement, les conditions actuelles sont plus sélectives. Voici trois entreprises qui ont progressé depuis 2000, contrairement au CAC40 : Air Liquide, Saint-Gobain et Vallourec. Depuis 2000, Air Liquide affiche une progression de 140 %. En quatorze ans, Saint-Gobain fait un peu mieux que l'indice national CAC40, mais reste en territoire négatif. Cependant, c'est une très belle entreprise, robuste, liée au bâtiment, et qui profitera de la poursuite du développement des pays émergents. Quant à Vallourec (technologie encore nouvelle en 2000), son cours a été multiplié par 8,5 en quatorze ans. À première vue, rien de commun entre ces trois entreprises, excepté que ce sont des industriels et non des sociétés de services. Mais si on les examine d'un peu plus près, on peut découvrir quelques similitudes. D'abord, dans l'industrie, les concurrents ne peuvent surgir du jour au lendemain, contrairement à d'autres secteurs comme les services ou certaines entreprises Internet. Il faut d'énormes investissements pour créer une usine capable de couler du verre, de liquéfier du gaz ou de fabriquer un tube d'acier sans aucune soudure qui ira équiper une centrale nucléaire ou une installation de forage pétrolier. Tandis que, pour distribuer des charentaises sur le web, les investissements sont beaucoup plus limités. En deuxième lieu, ces entreprises ont, chacune dans leur domaine, un quasi-monopole d'excellence qui leur permet de conserver leurs marges. Enfin, elles ont une longue tradition de bien savoir traiter leurs actionnaires.

Elles aiment tellement leurs actionnaires qu'elles leur proposent de détenir leurs actions pour eux. C'est ce qu'on appelle le régime du nominatif pur. Sous ce régime, vous n'êtes pas actionnaire au travers de votre banque mais votre nom est inscrit dans les registres de l'entreprise. Actionnaire sans passer par votre banque (ni même dans ce cas un courtier), vous voilà donc vraiment débancarisé. Évidemment, si vous décidez de détenir des actions par ce biais, ce n'est pas pour faire des allers et retours rapides. C'est pourquoi il vous faut des valeurs capables de tenir la route sur le long terme. Je vous ai donné trois exemples, mais il en existe d'autres et vous trouverez à la page suivante la liste des entreprises françaises qui proposent ce régime à leurs actionnaires. Peut-être jetterez-vous votre dévolu sur d'autres entreprises. Mais les critères qui semblent importants dans la conjoncture actuelle sont la faculté de conserver ses marges, ce que les Anglo-Saxons appellent le *pricing power*, les fortes barrières à l'entrée qui dissuadent l'émergence de concurrents.

Pour vous récompenser d'être actionnaire en direct, certaines de ces entreprises vous accordent quelques petits bonus : dividende un peu supérieur ou distribution d'actions gratuites. Vous serez également convoqué aux assemblées générales et recevrez en direct l'information financière.

Toujours dans le cadre de la « débancarisation » de votre épargne, vous pouvez aussi avoir votre portefeuille d'actions chez un courtier (*broker*) et non pas dans votre banque.

Liste des entreprises françaises cotées proposant à leurs actionnaires le mode de détention au nominatif

ABC Arbitrage, Accor, Aéroports de Paris, Air France, Air Liquide, Alstom, April, Areva, Arkema, Arkeon Finance, Axa, Bénéteau, Bic, BNP Paribas, Boiron, Bouygues, Bureau Veritas, Carrefour, Compagnie des Alpes, Crédit agricole, Danone, Dior, Direct Énergie, EADS, Edenred, EDF, Essilor, Eurazeo, Eutelsat, GDF Suez, GFI, GL events, Groupe Casino, Groupe Europlasma, Groupe Séché, Hermès, Ingenico, Inside Secure, Interparfums, Kering, L'Oréal, Lafarge, Lagardère, Le Noble Âge, LVMH, Michelin, Mr Bricolage, Natixis, Nexans, Orange, Orapi, Paris Orléans, Pernod Ricard, Peugeot, Pierre & Vacances, Rallye, Renault, Rougier, Safran, Saint-Gobain, Sanofi, Schneider Electric, Seb, Sequana, Société de la Tour Eiffel, Société générale, Sodexo, Sopra

Group, Suez Environnement, Technicolor, Total Gabon, Total, Vallourec, Veolia, Vilmorin, Vinci, Vivendi, Wendel, Zodiac Aerospace.

Les avantages de passer par un courtier et non pas par votre banque

À chacun son métier, une banque est une banque mais, pour détenir des actions en direct, mieux vaut passer par un courtier. Les frais à l'achat et à la vente sont plus réduits et vous avez accès à beaucoup plus de places de marchés. Autant que votre épargne profite du bon côté de la mondialisation. De nos jours, il est devenu simple de passer un ordre de Bourse en ligne à New York, Toronto, sur les Bourses allemandes, etc.

Si vous êtes tenté par l'aventure des actions étrangères en dollars, faites seulement attention à ouvrir un compte en devises, ainsi, lorsque vous achèterez et vendrez des actions en dollars, vous ne paierez pas de frais de change à chaque opération. C'est votre compte en devises qui sera débité ou crédité. Choisissez un courtier indépendant d'une banque à risque, tel que Bourse Direct, Dubus, Interactive Broker (États-Unis), TD Direct Investing International (ex-Internaxx, Luxembourg, adossé à TD Bank USA).

Affiliation des principaux courtiers en ligne français

Boursorama : filiale de la Société générale

ING direct : filiale de ING Bank NV

Bourse direct : filiale de Viel & Cie (société d'investissement cotée en France)

Binck : succursale française de BinckBank NV (Pays-Bas)

Saxo banque : filiale de Saxo Bank (banque danoise)

Fortuneo : filiale du Crédit mutuel ARKEA (bancassurance)

B*capital : filiale de BNP Paribas

BForBank (ex CPR Online) : filiale du groupe Crédit agricole

Xtb.fr : filiale de X-Trade Brokers DM

FXCM : filiale de FXCM Holdings, LLC

Interactive brokers : filiale d'Interactive Brokers Group LLC

Et l'assurance-vie ?

Les tractations européennes sur l'union bancaire et le système de résolution bancaire prévoient donc à l'avenir, si nécessaire, un vol légalisé des déposants pour renflouer une banque. Ce n'est pas encore le cas pour les assureurs, toutefois, ce qui est arrivé aux Polonais en octobre 2013 mérite qu'on s'y attarde.

Les Polonais qui le désirent sont détenteurs d'un plan d'épargne retraite par capitalisation au travers de sociétés d'assurance. Comme pour les assurances-vie françaises, il existe deux types de plan : ceux à capital garanti, qui sont investis en obligations de l'État polonais (libellées en zlotys) et ceux qui sont investis en actions. Or, à l'automne 2013, les taux sur les emprunts de l'État polonais se sont brutalement tendus : ils sont passés de 3,25 % en avril 2013 à 4,5 % en octobre. Pour ne pas devenir victime d'une « attaque des marchés », le gouvernement polonais a confisqué l'épargne des comptes à capital garanti, qui se sont retrouvés arbitrairement transformés en points supplémentaires de la caisse de retraite publique, l'équivalent de la Caisse nationale d'assurance vieillesse. Pas réjouissant... Parmi les compagnies d'assurance dépositaires, des filiales de grands groupes français, dont AXA, par exemple. Et n'allez pas croire que l'État polonais est dans une situation financière beaucoup plus tragique que celle de la France. Le taux d'endettement rapporté au PIB y est seulement de 56 %, la croissance de 1,9 %, le déficit de 3,9 % et le taux de chômage de 13,2 %. C'est seulement sur ce dernier chiffre que la Pologne est en moins bonne posture que notre pays.

L'épisode polonais nous prouve s'il en est besoin que l'État ne reculera devant aucune réquisition pour assurer sa survie. En France, les assureurs-vie sont très vulnérables face à une hausse des taux d'emprunt de notre pays. En effet, les contrats dits en euros ou à capital garanti sont essentiellement adossés à des obligations d'État. En 2013, la moyenne de ces contrats rapportait 2,7 %. Lorsque les taux vont monter – et à fin 2013 la France empruntait sur dix ans à 2,8 % –, les épargnants ne voudront plus de ces vieux contrats. Si tout le monde se bouscule vers la sortie, les assureurs devront vendre leurs obligations avant l'échéance pour rembourser et matérialiser des pertes. La situation peut donc s'envenimer très vite, d'autant plus que les exigences de fonds propres des assureurs sont beaucoup plus sévères que pour les banques. Un texte du code des assurances permet aux assureurs de geler les sorties si leur solvabilité est en jeu.

Donc, conserver un contrat d'assurance-vie en euros n'est pas une bonne idée pour deux raisons : son faible rendement et un risque de gel des sorties, donc d'indisponibilité. Si vous avez un vieux contrat d'assurance-vie auquel sont attachés des avantages fiscaux, vous pouvez demander à bénéficier de l'amendement Fourgous et le transformer en contrat multi-supports, c'est-à-dire que vous aurez le droit, en conservant l'antériorité de votre contrat, d'être investi en fonds en actions. Certes, le capital n'est plus garanti et vous prenez le risque des variations des Bourses, mais à quoi sert un capital « garanti » si vous ne pouvez plus y toucher ? Par ailleurs, dans un cas « à la polonaise » – et la France n'est pas à l'abri d'un emballement de ses taux d'emprunt –, ce sont les contrats en euros qui ont été confisqués et non les contrats en actions. Enfin, bonne nouvelle, certains assureurs acceptent les SCPI (sociétés civiles de placement immobilier) dans les contrats, vous pourriez donc même remplacer vos obligations par de la pierre.

La bulle immobilière française dégonflera-t-elle un jour ?

L'hebdomadaire britannique *The Economist* considère que l'immobilier d'habitation français reste l'un des plus surcotés au monde. Dans les pays où la bulle immobilière a éclaté (Espagne, Irlande, Danemark, Pays-Bas, États-Unis), les prix ont baissé de 20 % (Pays-Bas) à 50 % (Irlande). Dans d'autres pays, la bulle immobilière résiste farouchement (France, Royaume-Uni, Belgique, Suède). Au passage, notez mentalement qu'une bulle immobilière qui crève dans un pays, c'est en général mauvais pour les banques.

La question qui doit vous préoccuper est donc : l'immobilier dans ces pays est-il un bon véhicule d'épargne ? Évidemment, c'est plutôt non, surtout en France, avec une fiscalité répressive et des loyers fixés par un encadrement très strict. Il y a de fortes chances pour que le rendement ne soit pas au rendez-vous et que vous y perdiez en capital. Bien entendu, ceci est très général et chaque marché a ses particularités. Mais le marché immobilier français a perdu des facteurs de soutien : le Crédit immobilier de France, qui attribuait les prêts à taux zéro pour les premiers achats, a fait faillite à l'automne 2012. Les banques réduisent leurs bilans et prêtent moins, sur des durées moins longues, la hausse des taux commence… À la fin de l'année 2013, les professionnels de l'immobilier haut de gamme constataient une désaffection des étrangers. Le marché perd donc aussi son soutien par le haut.

Mais il ne faut pas pour autant sacrifier à la règle de la diversification. Il vous reste donc l'immobilier autre que l'habitation, l'immobilier commercial ou même l'immobilier d'habitation dans les pays où le rendement locatif est correct (Espagne, Pays-Bas, Autriche, Irlande et même États-Unis).

Vous pouvez acquérir simplement de l'immobilier commercial au travers des parts de SCPI. Vous avez ainsi de l'épargne débancarisée avec un rendement meilleur que celui de l'immobilier d'habitation locatif. Une SCPI est comme une SCI (société civile immobilière), mais elle a le droit de faire appel aux épargnants et est donc soumise à un encadrement juridique très strict.

Les SCPI ne sont pas cotées en Bourse. La société de gestion dont elles dépendent se charge des opérations d'achat et de cession des parts de chaque SCPI. En tant qu'actionnaire, vous n'êtes pas copropriétaire des immeubles détenus par la SCPI. C'est la société qui en est propriétaire et en tant qu'actionnaire vous percevez votre part des bénéfices de la société. Mais cette mutualisation met à la portée de beaucoup d'épargnants des opérations immobilières de grande envergure, et notamment de l'immobilier commercial ou de boutique. Vous avez alors accès à un meilleur rendement locatif qu'avec de l'immobilier d'habitation et en plus vous limitez considérablement votre risque d'impayé par un locataire.

Buroboutic (Fiducial Gérance), Foncia Pierre Rendement (Foncia), Immorente (Sofidy), Novapierre (Paref

Gestion) sont quatre SCPI de murs de boutiques dont les rendements sont voisins de 5 %. Les prix des parts varient de 300 € à 900 € environ. Sachez aussi que commencent à se créer des SCPI qui investissent dans l'immobilier européen, et notamment en Allemagne.

Après ce très rapide passage en revue des principales composantes patrimoniales, terminons par un côté plus épicurien.

La récente hausse de l'art et du bon vin n'est pas innocente

Si récemment l'art – et spécialement l'art contemporain, le plus financiarisé – ou les vieux vins atteignent des cotes record, ce n'est pas parce que les milliardaires sont de plus en plus raffinés. C'est un signe que l'argent commence à brûler les doigts de ceux qui en ont encore beaucoup, malgré la crise. Parmi les enchérisseurs des grandes ventes de Christie's, Sotheby's, Artcurial, se trouvent beaucoup de financiers enrichis qui savent très bien que la hausse des actifs financiers est éphémère. Ils cherchent donc à recycler leurs gains dans autre chose. Ils savent que 70 % des transactions quotidiennes des marchés financiers sont dues à des algorithmes et qu'actions, obligations et monnaies ne sont plus que des fonctions mathématiques auxquelles sont accrochés des indicateurs de risques, de volatilité, de corrélations. Ils savent que ce soufflé peut retomber d'un moment à l'autre, que la machine peut s'emballer avant de caler.

Conclusion

« Lorsque les inégalités augmentent en raison de, disons-le, la corruption, c'est clairement dommageable pour l'économie. »
Justin Lahart, *The Wall Street Journal*, 10 novembre 2013

Chypre aurait dû être un électrochoc pour les déposants et contribuables d'Europe, mais il n'en a rien été. Pourtant, il faut être naïf pour croire que l'Allemagne sera prête à taxer ses propres contribuables pour sauver les petits déposants de pays qui ont violé leurs engagements de Maastricht. Si, malgré Chypre, les dépôts restent dans les banques européennes, cela prouve que le capital confiance du système actuel reste encore très important.

Ce capital confiance a un coût très élevé : plus de 1 600 Mds€[117] entre 2008 et 2011 injectés par les contribuables dans les banques européennes, soit 13 % du PIB de l'Union et 3 200 € par habitant. En dépit de ces sauvetages, tout un arsenal législatif se met en place pour pouvoir à l'avenir taxer les déposants, victimes prises en otage par leurs banques. Pourtant, malgré ces sommes colossales, les banques sont toujours en mal d'argent. Il faudrait encore aux banques européennes 185 Mds€ de fonds propres

117 Aide totale utilisée, dont garanties et recapitalisation. *Les Échos* du 20 décembre 2013 et *L'Agefi Hebdo* du 11 juillet 2013.

supplémentaires[118]. Tout ceci pour préserver un système absurde qui consiste à prêter l'argent du futur, celui qui n'existe pas encore. Les banquiers prêteurs ont l'immense privilège de s'enrichir lorsque les prêts sont remboursés. Les contribuables ont l'immense tâche de payer lorsque les banquiers sont en difficulté. Les politiciens cautionnent ce système qui permet de financer leur clientélisme.

Près du robinet de liquidités, la richesse

Ce sont les banquiers qui en premier mettent la main sur l'argent frais émis en échange de leurs créances pourries. Ils font ce que font les banquiers d'aujourd'hui, ils le recyclent sur les marchés financiers et achètent des obligations de leurs si généreuses autorités de tutelle (il faut quand même savoir renvoyer l'ascenseur). L'économie réelle ne voit presque pas la couleur de cet argent, sauf les produits de luxe, l'immobilier de luxe, l'art et les vieux vins... C'est exactement l'effet Cantillon.

Lorsqu'une personne a un petit revenu et se trouve soudain à la tête d'un surcroît d'argent, elle va le dépenser dans des choses basiques : de l'alimentation, des vêtements, une voiture, de l'électroménager, etc. Elle va immédiatement consommer ce surplus. Lorsqu'un riche a encore plus d'argent, il ne va pas consommer beaucoup plus qu'avant. Il va investir plus, dans les actions ou l'im-

118 Étude de l'agence de notation Standard & Poor's citée par *L'Agefi* du 27 décembre 2013.

mobilier, il va aussi éventuellement se faire plaisir avec une voiture plus rapide, un appartement plus grand, une autre montre à tourbillon, des premiers grands crus et pourquoi pas quelques toiles ou sculptures qu'il aura arrachées à un rival dans une vente aux enchères médiatisée. Vous constatez que, depuis la crise, après un petit trou d'air, l'inflation des prix s'affiche bien dans ces domaines, et ceux-là essentiellement. Elle ne touche pas vraiment M. Tout-le-monde qui, lui, constate surtout une inflation galopante de ses impôts et taxes.

Lorsqu'il y a création monétaire ou création de crédit, plus vous êtes proche du robinet de liquidités plus vous vous enrichissez ; plus vous en êtes loin, plus vous y êtes indifférent. Lorsqu'en plus l'inflation arrive, plus vous êtes loin du robinet, plus vous vous appauvrissez. Car l'inflation est en réalité un impôt sur la consommation des gens en bout de chaîne.

« L'afflux continu de monnaie fiduciaire rend les puissants et les riches plus puissants et plus riches que s'ils dépendaient d'échanges volontaires avec leurs concitoyens. Et parce que cela protège l'élite politique et économique de la compétition venant du reste de la société, l'inflation est un frein à la mobilité sociale. Le riche reste riche plus longtemps et le pauvre reste pauvre plus longtemps qu'il ne le resterait dans une société libre ». (Jörg Guido Hülsmann[119], *Deflation and liberty,* online at mises.org)

119 Professeur des Universités, Faculté de droit, d'économie et de gestion GRANEM, université d'Angers.

Le privilège d'être près du robinet s'achète

Les banquiers et les financiers sont aujourd'hui beaucoup plus riches qu'au XIXe siècle et qu'au début du XXe siècle ; les banques manipulent des sommes faramineuses qui pèsent plusieurs fois le PIB de leur pays, les marchés brassent dix fois l'argent de l'économie mondiale. Autrefois, les banquiers prêtaient de l'argent qui existait déjà, et avant le système des réserves fractionnaires, ils prêtaient surtout leur propre argent. La puissance financière des plus grandes banques n'excédait pas 1,5 % de l'économie de leur époque. Maintenant les banquiers prêtent de l'argent qu'ils ont le droit de créer eux-mêmes. Ils prêtent jusqu'à 80 fois leurs fonds propres et bien plus que les dépôts de leurs clients. Ils ont obtenu cet exorbitant privilège à condition de se soumettre aux exigences des représentants du peuple et d'avaler toutes sortes de dettes d'État. Pour camoufler cet inceste, ce copinage entre politique et finance, les politiciens ont asservi leur population soit par le crédit (États-Unis) soit en distribuant des prestations sociales financées par l'endettement de la population (France, Grèce) et dans d'autres pays, un mélange des deux (Espagne, Irlande, Portugal…). Et c'est ainsi que les 0,01 % les plus riches voient leurs revenus progresser (de 72 % entre 2002 et 2012) tandis que 90 % de la population voit les siens régresser[120] (de 11 % entre 2002 et 2012). Quand, même *The Wall Street Journal*

120 *The Wall Street Journal*, "Worry Over Inequality Occupies Wall Street", 10 novembre 2013.

(quotidien américain financier) parle de corruption et cite certains chiffres de Thomas Piketty (économiste français de gauche[121]), vous sentez bien qu'il doit vraiment y avoir une arnaque dans l'air…

Un banquier ne finance plus l'économie, il poursuit ses propres intérêts

Un ancien de la grande banque d'affaires américaine Goldman Sachs, Greg Smith, haut responsable des ventes de produits dérivés, a publié dans le *New York Times* du 14 mars 2012 une fracassante lettre de démission :

« Avant, être leader signifiait avoir des idées, montrer l'exemple et faire ce qui est juste. Aujourd'hui, si vous rapportez de l'argent à la banque (sans être un tueur en série), vous serez promu à un poste important. […] Quelles sont les trois manières rapides d'avoir des responsabilités chez GS ? a) Appliquer les "axes" de l'entreprise, ce qui veut dire chez Goldman qu'il faut convaincre les clients d'investir dans des actions ou autres produits dont on essaie de se débarrasser car ils ne représentent pas un potentiel de profits suffisant. b) "Chasser les éléphants." Traduction : convaincre ses clients – certains sophistiqués, d'autres moins – de négocier en Bourse, ce qui rapportera le plus de profits à Goldman. Vous pouvez me traiter de ringard, mais je

121 Car les économistes – qui se prétendent scientifiques – posent des diagnostics et remèdes de gauche et des diagnostics et remèdes de droite. Imaginez que les médecins fonctionnent sur le même principe…

n'aime pas vendre à mon client un produit qui n'est pas fait pour lui. c) Se trouver un poste dans lequel votre travail sera de vendre un produit financier illiquide et opaque, résumé par un acronyme à trois lettres [Ndlr : CDS, ABS, CDO, MBS, etc.] [...] Renvoyez les employés corrompus, quels que soient les montants qu'ils rapportent à la société. Revenez à la culture d'entreprise d'origine, afin que les gens viennent travailler pour les bonnes raisons. Ceux qui se préoccupent uniquement de gagner de l'argent ne maintiendront pas la banque – ni la confiance des clients – en vie très longtemps. »

N'allez pas imaginer que « chez nous, en Europe, c'est différent ». Pensez à la longue liste de scandales auxquels sont mêlées les banques européennes. L'art de la communication politique et financière consiste à habiller cette corruption pour que le grand public n'y voie que du feu. Les étatistes de droite assurent que c'est du capitalisme honnête et de l'économie de marché et qu'il faut bien ça pour faire repartir la croissance (croissance de quoi, d'ailleurs, plus personne ne sait très bien, ce sont surtout les dettes, les impôts et le chômage que l'on voit augmenter). Les étatistes de gauche vantent les bienfaits de la création monétaire, de la relance de la consommation et si ça ne marche pas c'est parce qu'on n'en fait pas assez, comme le disent les vibrants éditoriaux signés Stieglitz, Krugman et compagnie. La confiance du public persiste et ce système dure. Depuis 2008, nous sommes passés à la vitesse supérieure, nous avons remplacé la croissance de la dette (dont on pouvait penser qu'elle pourrait un jour être remboursée) par la croissance de la monnaie sans aucune contrepartie (qui ne se rembourse pas).

Jamais dans l'Histoire tous les pays n'ont vécu simultanément avec des monnaies fiduciaires. Jamais les monnaies fiduciaires ne furent aussi dématérialisées, aussi déconnectées d'une matière ayant une valeur, jamais elles ne purent circuler aussi vite. Enfin, jamais il n'y eut une telle course à la dévalorisation, chaque pays prétendant ainsi trouver un « avantage compétitif » et vivre sur le dos du voisin en exportant du « pas cher ». Ça, c'est le langage officiel qui justifie tous les laxismes monétaires qui, pour le moment, n'ont donné naissance à aucune inflation dans le sens de hausse générale des prix. La seule inflation que nous voyons est celle des actifs financiers (actions, obligations, produits financiers complexes) qui enrichit une toute petite frange de la population. Pendant ce temps, la classe moyenne est paupérisée.

Cinq ans après la crise financière, la finance grossit toujours et l'économie réelle ne repart pas

	2008	2013
Volume des produits dérivés négociés hors cote en milliards de dollars	516 000 Mds$	692 000 Mds$
Endettement des pays de l'OCDE (les riches)	75 %	110 %
Déficit des pays de l'OCDE en % de leur PIB	3,7 %	4,8 %

	2008	2013
Effet de levier des banques « trop grosses pour faire faillite »	31 pour Lehman Brothers	De 13 à 85
Bilans des banques centrales Fed et BCE (les créances pourries qu'elles ont échangées contre de l'argent surgi du néant)	900 Mds$ 1 400 Mds€	3 000 Mds$ 3 000 Mds€
Taux de croissance des pays de l'OCDE	0,2 %	1,2 %
Taux de croissance mondiale	2,5 %	2,7%
Taux d'emploi[122]	66,4%	65,0%
Réserves de change mondiales	4 000 Mds$	11 200 Mds$
Réserves de change de la Chine	1 900 Mds$	3 500 Mds$

Sources : OCDE, Banque des règlements internationaux.[122]

Ce tableau vous montre que, tandis que les banques centrales chargent leurs bilans de créances douteuses, tandis que la finance de l'ombre – celle des produits dérivés – grossit, le chômage augmente et la croissance de l'activité économique des pays dits riches est inférieure à la croissance de leurs dettes. Si, pour augmenter de 1,2 % votre activité, vous avez 4,8 % de déficit, vous avez un problème de solvabilité. Pendant ce temps, les pays dits émergents se lestent de mauvaises dettes. La situation n'est pas tenable.

122 Le taux d'emploi, moins dépendant des habillages politiques et des biais statistiques, est plus représentatif que le taux de chômage.

Mais comment apurer les comptes, qui va payer, à la fin des fins ?

Il existe un grand principe de politique économique. Si vous ne voyez pas vraiment qui va payer, ne cherchez plus, c'est vous !

N'oublions pas que ce que nous appelons « monnaie » n'est finalement que de la « dette » et qu'il devient de plus en plus dangereux de stocker cette dette. Les réserves de change sont des emprunts d'État et ne valent quelque chose que si les États-Unis (mais aussi l'Europe et le Japon) acceptent ou peuvent payer leurs dettes. Nous avons donc d'un côté des pays émergents et des pays producteurs de pétrole qui ont accumulé des créances, qui sont de l'argent en devenir, si toutefois les crédits sont remboursés par leurs riches clients. Mais, depuis 2008, la dette de ces pays riches augmente toujours plus vite et ce n'est pas bon signe. En échange de ces reconnaissances de dettes, les pays riches ont consommé. Le pétrole a déjà été brûlé, les biens sont déjà amortis, usés, bons à jeter, les services ont été fournis. Il n'y a donc plus rien à faire saisir par un huissier supranational. Plus rien… sauf les dépôts bancaires.

Un rapport du Fonds monétaire international, publié en décembre 2013 et signé de deux économistes de Harvard, Carmen Reinhart et Kenneth Rogoff, met les pieds dans le plat.

« L'endettement actuel des gouvernements dans

les économies avancées approche son niveau le plus élevé depuis deux cents ans. La taille du problème laisse penser que des restructurations seront nécessaires, par exemple dans la périphérie de l'Europe, bien supérieures à tout ce qui a été publiquement discuté jusqu'à présent. »

Autrement dit, les pays dits riches devront faire défaut, répudier une partie de leurs dettes. Ce rapport pointe du doigt l'aveuglement des élites qui pensent se sortir progressivement du surendettement avec un mélange d'austérité, de croissance et d'ajustements progressifs. Penser que les pays développés sont différents des pays émergents relève de l'amnésie historique. Dans un passé récent, de grandes démocraties ont répudié leurs dettes. En 1934, les États-Unis ont renoncé à réclamer le remboursement des prêts qu'ils avaient accordés à la France, à la Grande-Bretagne et à l'Italie pendant la Première Guerre mondiale. Ces pays ont ainsi pu alléger leurs dettes de respectivement 24 %, 22 % et 19 % de leur PIB[123]. Pensez-vous que la Chine nous fera des cadeaux ?

Derrière la crise financière, la crise monétaire

Ce qu'on appelle une crise financière est en réalité une crise bancaire liée à trop d'émission de crédit. Le crédit est la matière première des banques qui sont devenues obèses. Le crédit est aussi la monnaie, nous aurons donc probablement une crise monétaire aiguë

123 Fonds monétaire international, *Working Paper* n° 13/271.

et la fin de cette crise financière passera par l'inflation, voire l'hyperinflation du dollar, de l'euro et du yen.

L'hyperinflation se produit lorsqu'il y a rejet de la monnaie. Dans le cas du dollar, ce rejet peut être extérieur, c'est-à-dire que le dollar n'est plus considéré comme une devise de réserve digne de confiance, ou ce peut être un rejet domestique. Le rejet de l'extérieur viendrait des pays émergents, ceux qui ont le plus de réserves de change. La pression vendeuse sur le dollar va s'intensifier lorsque les marchés vont réaliser qu'il n'y a pas vraiment d'arrêt possible de la création monétaire et que la croissance américaine n'est que la croissance de la dette américaine. Les statistiques de la fin de l'année 2013 ont prouvé que la reprise économique américaine reste plus faible que les projections de la Fed. Le rejet du dollar à l'étranger – qui se manifestera par la vente des actifs financiers libellés en dollars – provoquera pour les Américains un effet de change négatif qui allumera le feu de l'inflation domestique.

Le rejet domestique d'une monnaie se produit lorsque la vie de tous les jours ne recoupe plus les statistiques officielles. Si l'on vous dit que l'inflation est, disons, de 2 %, mais que vous-même et votre voisin constatez que vous devriez voir vos revenus augmenter de 30 % pour étaler la hausse des prix, la méfiance s'instaure. Comme pour la météo, il y a le froid du thermomètre (l'inflation officielle) et le froid ressenti (la hausse des prix vécue). Après le stade de la méfiance, le rejet n'est plus loin. Aux États-Unis, l'inflation actuelle, mesurée avec les méthodes en vigueur jusqu'en 1980[124], serait de 8,8 % et non le 1,5 % calculé avec les nouvelles méthodes. Entre 2000 et 2012, les salaires et les prestations sociales ont augmenté respectivement de 37 % et 29 %. Mais, dans le même temps, l'énergie et l'assurance santé ont plus que doublé, l'électricité et la téléphonie ont augmenté respectivement de 51 % et 41 %. Le pouvoir d'achat des Américains a en réalité baissé. Le rejet du dollar sera aussi celui de l'Occident et de ses valeurs.

L'illusion de la réglementation

Le système des réserves fractionnaires (les banques ne peuvent vous rendre à chaque instant qu'une infime fraction de vos dépôts) et la création monétaire par les banques commerciales et banques centrales sont des escroqueries. Le fait que l'escroquerie soit légalisée et réglementée et que les gens ne sachent pas que leurs dépôts sont en réalité devenus un prêt accordé à leur banque ne change rien à l'affaire. La prétendue « garantie des dépôts » est simplement une escroquerie supplémentaire qui consiste à taxer l'ensemble des victimes potentielles pour pouvoir indemniser les victimes déclarées. Les banques sont les seules entreprises privées qui n'ont jamais à être responsables de leurs engagements. Les banques centrales sont des structures para-étatiques au service des États et des grandes banques. Qualifier un

124 La méthode en usage jusqu'en 1980 consistait à mesurer l'effort financier à fournir pour maintenir un train de vie donné.

tel système d'ultra-libéral ou de capitaliste comme on l'entend souvent est absurde. Il s'agit d'un « capitalisme sans capital »[125] puisqu'il repose sur la dette et la création monétaire ; il s'agit d'un système anti-libéral dans lequel la monnaie est imposée par la force (puisque vous êtes contraint d'utiliser une monnaie et une seule, celle qui a cours légal), l'égalité de droit est inexistante (puisque les banquiers jouissent d'un privilège de création monétaire que vous n'avez pas), le marché n'est pas libre (puisque les banques centrales imposent des taux d'intérêt), vous êtes captif (puisqu'on vous impose d'avoir un compte en banque).

La réglementation omniprésente ne retire aucun des vices de ce système. On veut empêcher le système actuel de s'écrouler sous prétexte que de terribles malheurs s'ensuivraient. Sont-ils plus grands que ceux que nous risquons en tentant de le ranimer par la dette ?

La malédiction de la dette : aucune solution indolore

Autrefois un endetté pouvait terminer réduit en esclavage. C'est pour cette raison que les Hébreux – qui avaient compris qu'il fallait limiter le gonflement du crédit – décrétaient une année jubilaire tous les cinquante ans : toutes les dettes étaient remises, tous les esclaves libérés, les terres hypothéquées rendues… Une année avant le jubilé, vous pouvez imaginer que

125 Paul Fabra, *Le Capitalisme sans capital*, coédition Les Échos-Eyrolles, 2009.

les prêteurs ne se bousculaient pas, et que si une bulle de crédit s'était formée, elle se dégonflait doucement jusqu'à l'approche de la date fatidique.

Mais revenons à ici et maintenant. Faute de jubilés, le niveau d'endettement public des pays développés est comparable à celui qui existait lors de la Seconde Guerre mondiale. Pourtant, nous ne sommes pas en guerre. Pour se désendetter, en l'absence de croissance, il y a deux solutions qui peuvent se combiner : l'inflation et le défaut. En principe, l'inflation favorise les jeunes. Ils sont en activité et ils vivent des revenus de leur travail. Si les salaires progressent un peu, ils sont moins perdants que les rentiers. Ces derniers sont maintenant essentiellement des retraités qui vivent de rentrées fixes. Ils n'ont pas intérêt à l'inflation mais plutôt au défaut, en espérant que l'appareil politique choisira ensuite de payer leurs retraites plutôt que des prestations sociales. Car évidemment, s'il y a défaut, l'État ne pourra plus emprunter pour distribuer des allocations. Le surendettement irresponsable et la corruption de l'électorat a donc fait naître un conflit d'intérêt au sein des populations.

La voie humaniste, celle de la responsabilité assumée

La corruption est à la fois intellectuelle et matérielle et elle est présente à tous les niveaux : financier, politique, réglementaire. La corruption la plus grave est intellectuelle et consiste à faire croire que le système actuel est viable pour protéger les élites à qui il profite. Ceux qui fustigent les marchés et la finance veulent toujours plus de redistributions achetées à crédit, de privilèges, et refusent le libre-échange et la concurrence, accusés de tous les maux. Ceux qui défendent les marchés et la finance veulent toujours plus de création monétaire pour continuer à s'enrichir en jouant au Monopoly ou au poker sur les grandes tables de casino des Bourses mondiales. Ceux qui se bornent à constater que le système existant n'est plus viable et qu'il serait bon de laisser se produire une saine destruction créatrice sont plus rares.

Ce qu'on appelle les marchés financiers ne sont que de gigantesques casinos alimentés par la monnaie créée par les banques avec l'appui de leurs banques centrales. Les marchés d'aujourd'hui n'ont rien à voir avec le marché du libéralisme authentique : celui qui défend simplement qu'aucun bon système n'a peur de la concurrence (à l'inverse des mauvais systèmes), que la concurrence est bonne, que les transactions doivent pouvoir être faites librement et que chacun est responsable de ses actes. L'humanisme consistait à mettre la responsabilité au centre des comportements et se défendait de toute attache religieuse et nous pourrions dire aujourd'hui politique. Nous acceptons de vivre dans une société aux antipodes de l'humanisme, dans laquelle l'irresponsabilité est légalisée, institutionnalisée.

« Fais ce que voudras », préconisait François Rabelais en 1535 en en appelant à la responsabilité.

« Laissez faire », disait en écho Frédéric Bastiat trois siècles plus tard :

« Laissez faire ! Je commence par dire, pour prévenir toute équivoque que laissez faire s'applique ici aux choses honnêtes, l'État étant institué précisément pour empêcher les choses déshonnêtes.

Cela posé, et quant aux choses innocentes par elles-mêmes, comme le travail, l'échange, l'enseignement, l'association, la banque, etc. ; il faut pourtant opter. Il faut que l'État laisse faire ou empêche de faire.

S'il laisse faire, nous serons libres [...] rien ne coûtant moins que de laisser faire.

S'il empêche de faire, malheur à notre liberté et à notre bourse. À notre liberté, puisque empêcher c'est lier les bras : à notre bourse, car pour empêcher, il faut des agents, et pour avoir des agents, il faut de l'argent.

À cela les socialistes disent : Laissez faire ! mais c'est une horreur ! – Et pourquoi, s'il vous plaît ? – Parce que ; quand on les laisse faire, les hommes font mal et agissent contre leurs intérêts. Il est bon que l'État les dirige.

Voilà qui est plaisant. Quoi ! Vous avez une telle foi dans la sagacité humaine que vous voulez le suffrage universel et le gouvernement de tous par tous ; et puis, ces mêmes hommes que vous jugez aptes à gouverner les autres, vous les proclamez inaptes à se gouverner eux-mêmes ! » (Frédéric Bastiat (1800-1851))

Messieurs les politiciens, fonctionnaires et régulateurs, supposons qu'on ne fasse rien pour les banques. Tout le monde serait libre d'être bancarisé ou non. Les banques seraient libres de doser leurs fonds propres. Celles qui voudraient attirer des dépôts devraient affuter de bons arguments.

Campagne de publicité de la banque A : confiez-nous vos dépôts, nous avons beaucoup de fonds propres, nous n'investissons que dans ce que nous comprenons (c'est-à-dire pas grand-chose en ce moment), votre argent sera à l'abri chez nous, faiblement rémunéré pour les comptes à terme, mais à l'abri.

Campagne de publicité de la banque B : confiez-nous vos dépôts, nous investissons beaucoup sur les marchés financiers et nous prenons des risques avec nos traders talentueux à gros bonus, votre argent nous intéresse car il nous sert à augmenter nos effets de levier (et nos bonus). Nous vous proposerons une bonne rémunération de vos dépôts. Par ailleurs, vos dépôts sont couverts par une assurance que nous avons souscrite auprès d'AntiGaffe, le numéro 1 des assureurs financiers.

Pensez-vous que vos électeurs et administrés ne sauront pas choisir au mieux de leurs intérêts entre aucune banque, la banque A ou la banque B en fonction de leur situation personnelle, de leur âge, de leur goût du risque ? Quant aux banques qui n'ont pas de dépôts, elles feraient ce qu'elles voudraient.

Pour le moment, nous n'avons, hélas, pas le choix. Nous ne devons pas, en règle générale, faire confiance aux banques, ni aux instances de régulation, ni au système monétaire. Nous devons choisir soigneusement notre banque – ou nos banques si besoin – et j'espère que ce livre, à cet effet, vous a été utile. Nous ne devons pas non plus leur confier toute notre épargne mais diversifier celle-ci. La diversification est le plus vieux principe de précaution du monde.

Table des matières

Du même auteur chez Ixelles éditions

Pourquoi la France va faire faillite... et ce ce que vous devez faire pour vous en sortir, 2012.

Comment l'État va faire main basse sur votre argent... et ce que vous devez faire pour vous en sortir, 2013.